MARTIN BENZ • Wenn der Glaube keine Kraft hat

MARTIN BENZ

Wenn der Glaube keine Kraft hat

Ein Aufbauhelfer

neukirchener

GNB – Gute Nachricht Bibel, © 2018 Deutsche Bibelgesellschaft, Stuttgart.
LUT – Die Bibel nach Martin Luthers Übersetzung, revidiert 2017,
© 2016 Deutsche Bibelgesellschaft, Stuttgart.
NeÜ – Neue evangelistische Übersetzung, © 2023 Karl-Heinz Vanheiden.
NGÜ – Neue Genfer Übersetzung. Neues Testament und Psalmen,
© 2011 Genfer Bibelgesellschaft.
NLB – Neues Leben. Die Bibel © 2002 / 2006 / 2017
SCM R. Brockhaus in der SCM Verlagsgruppe, Holzgerlingen.
DBU – Das Buch. Neues Testament, Psalmen, Sprichwörter,
übersetzt von Roland Werner, © 2022 SCM R. Brockhaus
in der SCM Verlagsgruppe, Holzgerlingen.

MIX
Papier aus verantwortungsvollen Quellen
FSC® C014138
www.fsc.org

Bibliografische Information der Deutschen Nationalbibliothek:
Die Deutsche Nationalbibliothek verzeichnet diese Publikation in der Deutschen Nationalbibliografie; detaillierte bibliografische Daten sind im Internet über http://dnb.d-nb.de abrufbar.

2. Auflage 2025

Andreas-Bräm-Straße 18/20, 47506 Neukirchen-Vluyn,
info@neukirchener-verlage.de

Umschlaggestaltung: Grafikbüro Sonnhüter, www.grafikbuero-sonnhueter.de,
unter Verwendung eines Bildes © photomaster, Krakenimages.com,
Omeris, ArtKio (shutterstock)
Lektorat: Hauke Burgarth, Pohlheim
DTP: Burkhard Lieverkus, Wuppertal
Verwendete Schriften: Scala Pro, Scala Sans Pro
Gesamtherstellung: Finidr, s.r.o., Český Těšín
Printed in Czech Republic
ISBN 978-3-7615-7015-9 (Buch)
ISBN 978-3-7615-7016-6 (E-Book)

www.neukirchener-verlage.de

Inhalt

Einleitung 9

Wenn der Glaube nicht mehr passt 11

Progressiv glauben und geisterfüllt leben 12

Teil 1 Progressiv glauben 17

1. **Schöpfungstheologisch und erlösungstheologisch denken** 18

Erlösungstheologisches Denken 19

Schöpfungstheologisches Denken 21

Jesus – Zentrum der Erlösung und der Schöpfung 26

2. **Die Fülle des Evangeliums erleben** 31

Das Evangelium 36

Die vier Grundprobleme der Menschheit 38

Die Erlösung von den vier Grundproblemen der Menschheit 45

Die Fülle des Evangeliums in unserem Alltag 53

Die Fülle des Evangeliums in einer einzigen Geschichte 58

3. **Verschiedene Deutungen des Kreuzes verstehen** 66

Wie zentral ist das Kreuz? 68

Kreuzigung als Hinrichtungsart 70

Neutestamentliche Deutungen des Todes Jesu am Kreuz 72

Deutungsprobleme ... 83
Biblische Opferkritik ... 86
Kirchengeschichtliche Deutungen
des Todes Jesu am Kreuz ... 88
Das Kreuz mit neuen Augen sehen ... 100
4. **Die Inspiration der Bibel** ... 110
Alle Schrift ist von Gott eingegeben ... 110
Wo hört die Inspiration auf? ... 112
Wirkungsgeschichte, nicht Entstehungsgeschichte ... 115
Wahrheit als Weisheit verstehen ... 117
Die Bibel ergänzt sich selbst ... 119
Mündige Gesprächspartner ... 122
Der Schlangenofen ... 124
Binden und Lösen ... 126

Teil 2 Geisterfüllt leben ... 131

5. **Aus der Kraft des Geistes leben** ... 132
Gott widersteht den Hochmütigen ... 133
Geisterfüllte Nachfolge ... 135
Die Quelle der Kraft ... 138
Äußerer und innerer Mensch ... 140
Die Zumutungen des Lebens ... 143
6. **Gottes Geist vielfältig erleben** ... 147
1. Spektakulärer und kontinuierlicher Glaubensweg ... 148
2. Das dreifache Wirken des Geistes ... 150
7. **Geisterfüllt lieben** ... 157
Wie die Liebe ist ... 158
Die eine Frucht des Geistes ... 162
Liebe als Maßstab und Orientierungspunkt
aller Glaubensveränderung ... 165
Erst korrekt, dann gnädig? ... 169

8. **Die Kraft der Freude** ... 173
Jesus und der Täufer ... 174
Freude: Ziel nicht Dauerzustand ... 181
9. **Die Kraft der Inspiration** ... 184
Makom – Orte der Gottesbegegnung ... 187
10. **Die Kraft der Schönheit** ... 196
Die Bundeslade und ihre Handwerker ... 196
Resonanz mit dem Schönen ... 200
Kontemplation statt Meditation ... 201

Literaturverzeichnis ... 205

Dank ... 207

Einleitung

Mit diesem Buch knüpfe ich an mein Buch über Glaubensveränderung an. Im Sommer 2022 erschien »Wenn der Glaube nicht mehr passt. Ein Umzugshelfer«. Innerhalb weniger Monate war die erste Auflage vergriffen und inzwischen konnte eine dritte Auflage gedruckt werden. Relativ schnell wurde deutlich: Geistlicher Umzug, Glaubensveränderung, aber auch Glaubensmüdigkeit haben für viele Christen hohe Relevanz. Nun möchte ich diese Themen weiterführen und der Frage nachgehen, wie ein veränderter Glaube wieder an Kraft, Begeisterung und Leidenschaft gewinnen kann.

Wenn Sie den ersten Band kennen, können Sie direkt einsteigen. Wenn nicht, dann finden Sie hier einen kurzen Abriss seines Inhalts. Der »Umzugshelfer« ist keine unbedingte Voraussetzung fürs Verständnis des vorliegenden Buches – hilfreich ist das Buch sicher.

Ich habe eine 25-jährige Vineyard[1]-Vergangenheit. Dadurch wurde ich evangelikal und charismatisch geprägt. Ich habe dieser Bewegung viel zu verdanken und durfte Gutes und Gesundes lernen. Der amerikanische Vineyard-Pastor Rich Nathan

---

1 Die Vineyard-Bewegung ist eine charismatische Erneuerungs- und Gemeindegründungsbewegung mit weltweit über 300.000 Mitgliedern in etwa 3.000 Gemeinden und 105 Ländern. Die erste Vineyard-Gemeinde entstand 1977 durch den amerikanischen Musiker und Theologen John Wimber.

schrieb 1995 ein Buch mit dem Titel »Empowered Evangelicals: Bringing Together the Best of the Evangelical and Charismatic Worlds«[2]. Sein Anliegen war es, deutlich zu machen, dass die Vineyard-Bewegung in evangelikaler und nicht in klassisch pfingstlicher Theologie verwurzelt ist. Trotz dieser theologischen Einordnung war es ihm wichtig, dass die Vineyard sich nicht vor der Kraft, den Gaben und dem Wirken des Heiligen Geistes verschließt. Heute, fast 30 Jahre später, braucht es ein ähnliches Buch. Diesmal geht es um »Empowered Postevangelicals« (Bevollmächtigte Postevangelikale). Auch Christen, die sich theologisch eher postevangelikal einordnen, sollten sich nicht vor der Kraft, den Gaben und dem Wirken des Heiligen Geistes verschließen. Wir brauchen eine kraftvolle und geistererfüllte postevangelikale Bewegung. Die kommenden Seiten sind mein Versuch, dieses Buch zu schreiben.

Mein Buch soll zum Gespräch anregen. Es ist keine theologische Doktorarbeit, in der jeder wichtige Theologe und alle möglichen Gedankengänge zur Sprache kommen. Verständlichkeit war mir wichtiger als umfassende Darstellungen. Bei einer Beschränkung auf 200 Seiten konnte vieles nicht zur Sprache kommen, nicht alles bis ins Letzte vertieft werden, und so manche Behauptung ist dadurch angreifbar. Ich habe mich nicht bei jeder theologischen Aussage in alle Richtungen abgesichert und wollte lieber einem flüssigen Schreibstil folgen, statt jeden Abschnitt mit unzähligen Fußnoten zu spicken. Die verwendete Literatur habe ich aber im angehängten Literaturverzeichnis aufgeführt. Um der Leserlichkeit willen habe ich auf das Gendern verzichtet, möchte aber unbedingt beide Geschlechter in meinen Aussagen oder Anreden einbeziehen.

2 Ungefähr: Bevollmächtigte Evangelikale – das Beste aus der evangelikalen und charismatischen Welt zusammenbringen

Wenn ich von Theologen rede, meine ich natürlich auch Theologinnen, und wenn es um Pastoren geht, dann denken wir alle auch an Pastorinnen.

Wenn der Glaube nicht mehr passt

In meiner 30-jährigen Tätigkeit als Pastor und in vielen Gesprächen habe ich wahrgenommen, dass viele Christen im Laufe der Jahre an Begeisterung und innerer Stärke verloren haben. Ihr Glaube hat Relevanz eingebüßt und stellt kaum noch eine Kraftquelle im Alltag und in den Krisen des Lebens dar. Zweifel und Skepsis mischen sich deutlich unter Glauben und Vertrauen. Dynamische Spiritualität ist einer breiten Ernüchterung und Frustration gewichen. In dieser Phase der Ernüchterung kommt es oft zur sogenannten »Dekonstruktion« des Glaubens. Vieles wird hinterfragt, auf seine Wirksamkeit und Echtheit überprüft und es werden in manchen Glaubensfragen neue Antworten gesucht. Dabei geht es beim Glauben immer um beides: Glaubensinhalt und Glaubensvollzug. Es geht um das, *was* ich glaube, und darum, *wie* ich glaube. Und beides, das Was und das Wie, lösen diese Schwächung und Ernüchterung des Glaubens aus.

In diese Ernüchterung hinein habe ich mein erstes Buch geschrieben. In verschiedenen Kapiteln habe ich versucht, alternative biblisch-theologische Ansätze zu grundlegenden Themen zu formulieren und damit progressiven Glauben zu beschreiben. Es ging mir um Bibelverständnis, Gottesbild, Liebe, Ethik, Sexualmoral, Alltags- und Gemeindemüdigkeit. Wie bei einem normalen Umzug war folgende Fragestellung wegweisend: Was von meinem Glauben nehme ich mit, weil es kostbar ist? Was von meinem Glauben entsorge ich, weil es sich nicht bewahrheitet hat oder nicht tragfähig ist? Welche Themen und

Überzeugungen möchte ich mir neu aneignen, weil sie bisher tabuisiert oder marginalisiert waren?

Entscheidend ist es nun, nicht in der Dekonstruktion steckenzubleiben. Es reicht nicht aus zu definieren, was Sie nicht mehr glauben, wovon Sie sich abwenden und was Sie alles entsorgen möchten. Dagegensein setzt nur kurzzeitig Kraft und Motivation frei. Selbst mit neuen Überzeugungen besteht die Gefahr, dass der Glaube nur intellektuelles Konstrukt bleibt. Er steckt auf der Ebene der Überzeugungen fest, selbst wenn diese neu sind. Die Frage ist jedoch, wie der Glaube wieder an Begeisterung, an Kraft und Dynamik, an Leidenschaft und Energie gewinnt. Zu viele Christen sind nach ihrer Dekonstruktion in der Rolle der Zuschauer, der kritischen Betrachter gelandet, die grundsätzlich auf Distanz bleiben. Über den Glauben wird diskutiert, man liest darüber, grenzt sich ab und solidarisiert sich hier und dort. Aber der Glaube und die persönliche Spiritualität finden nicht zu einer Tragfähigkeit und Energie zurück, die das Leben beflügeln und zum Blühen bringen. Gleichzeitig habe ich Verständnis dafür, wenn Menschen sich durch ihre fromme Vergangenheit so verletzt, gebeugt oder missbraucht fühlen, dass sie offensichtlich nicht anders können, als endlich auf Distanz zu gehen.

Die Frage ist jedoch, wie der Glaube wieder an Begeisterung, an Kraft und Dynamik, an Leidenschaft und Vision gewinnt.

Progressiv glauben und geisterfüllt leben

Ich bin noch immer dabei umzuziehen. So manches an meinem Glauben habe ich hinterfragt und dafür fand und finde ich wundervolle neue Ansätze in der Bibel, in der Theologiegeschichte und durch kompetente Gesprächspartner. Ich entdecke, dass Glaube und Christentum so viel mehr beinhalten und so viel reicher, vielfältiger und lebendiger sind, als es mir das klassisch evangelikale Milieu weismachen will.

Ich lebe meinen Glauben heute leidenschaftlich. Ich empfinde eine tiefe Begeisterung für Jesus Christus. Ich liebe die Bibel und lese sie immer noch fleißig. Ich fühle mich von Gott gesegnet und möchte mit meinem ganzen Leben für die Menschen um mich herum ein Segen sein. Ich habe für mich eine Mischung gefunden, die ich unwiderstehlich finde: Es ist die Kombination aus einem progressiven Glauben[3] und einem geisterfüllten Leben. Man könnte auch sagen: ein ehrlicher und liebevoller Glaube, kombiniert mit einer kraftvollen Spiritualität.

Ich habe für mich eine Mischung gefunden, die ich unwiderstehlich finde: Es ist die Kombination aus einem progressiven Glauben und einem geisterfüllten Leben.

Aber statt dieser Mischung erlebe ich an vielen Orten ein Entweder-oder: Da gibt es Menschen, die lieben den Heiligen Geist, pflegen die Geistesgaben, sehnen sich nach Lobpreis und Anbetung, beten für Kranke, rechnen mit der Kraft aus der Höhe, hören Gottes Stimme und wollen auf diese Erfahrungen der Kraft nicht verzichten. Aber scheinbar müssen sie dabei allzu oft einen schwierigen theologischen Rucksack mitschleppen. Aus Sehnsucht nach der Kraft des Geistes und einer leidenschaftlichen Spiritualität akzeptieren sie am Ende eine ausgeprägte Schwarz-Weiß-Theologie und eine flache und wenig reflektierte Glaubenslehre. Sie geben sich mit einfachsten Antworten zufrieden, übernehmen ein fundamentalistisches

3 Obwohl es viele unterschiedliche Definitionen gibt, gebrauche ich in meinem Buch die Begriffe »postevangelikal« und »progressiv« austauschbar.

Bibelverständnis und trauen sich nicht mehr, zu zweifeln oder zu hinterfragen. Sie haben zwar ein geisterfülltes Leben, aber oftmals eine platte und ungesunde Theologie.

Oder es läuft genau andersherum: Ihr Glaube hat sich weiterentwickelt, ist vorangeschritten und progressiv geworden. Sie entwickeln ein neues Bibelverständnis, das den biblischen Texten neue Relevanz verleiht oder entdecken die soziale und politische Dimension der Botschaft Jesu. Das Evangelium wird breiter, die Sicht auf die Welt und das Kreuz differenzierter, sie verlassen alte Feindbilder und entwickeln eine Ethik, die nicht am Buchstaben der Schrift klebt, sondern den Geist der Texte erfasst und anwendbar macht für heutige Lebenssituationen. Und gleichzeitig geht mit diesem progressiven Glauben eine gewisse Kindlichkeit des Glaubens verloren. Plötzlich fällt es schwer, sich auf das Übernatürliche einzulassen, an das Wundersame zu glauben oder überhaupt noch zu beten. Ab jetzt gibt es keine einfachen Lösungen mehr und viele trauen dem Reden Gottes nicht mehr über den Weg. Aus dem Zulassen von Fragen wird am Ende ein chronisches Hinterfragen von Allem. Irgendwie rückt Gott in die Ferne und seine Kraft gleitet ihnen durch die Finger. Sie haben zwar einen progressiven Glauben gewonnen, aber die persönliche Spiritualität ist dabei auf der Strecke geblieben.

Christen, Kirchen und Gemeinden sind nötig, die progressiv glauben, das Krankmachende, Eindimensionale und Starre des Glaubens hinter sich lassen, aber gleichzeitig geisterfüllt leben, mit der Kraft des Geistes rechnen und eine leidenschaftliche persönliche Spiritualität pflegen.

Entweder Sie wollen geisterfüllt leben und müssen deswegen außerordentlich konservativ glauben, oder Sie wollen progressiv glauben und müssen deswegen von einer leidenschaftlichen Spiritualität und einem geisterfüllten Lebensstil Abstand nehmen. Ich glaube, das geht auch anders. Ich glaube, das geht besser. Christen, Kirchen und Gemeinden sind nötig, die progressiv glauben, das Krankmachende, Eindimensionale und Starre des Glaubens hinter sich lassen, aber gleichzeitig geisterfüllt leben, mit der Kraft des Geistes rechnen und eine leidenschaftliche persönliche Spiritualität pflegen. Sie müssen nicht auf die lebensnotwendigen Gottes- und Geisteserfahrungen verzichten. Meine postevangelikale Entwicklung hat mich nicht zu einem unpersönlichen Gottesbild, einer rein intellektuellen Gottesbeziehung oder einem oberflächlichen Lebenssinn geführt. Für mich bleiben die persönliche Gottesbeziehung, der nahbare Gott, der handelnde Jesus, die Kraft des Reiches Gottes, Gotteserfahrungen in meinem Alltag und die Inspiration des Geistes von höchster Relevanz. Aber ich muss nicht länger den seltsamen, mit viel Unwohlsein verbundenen theologischen Rucksack meiner charismatischen oder evangelikalen Vergangenheit mitschleppen, um Erfahrungen mit Gott und seinem Geist machen zu können.

Progressiver Glaube muss nicht unter dem Radar des Heiligen Geistes fliegen!

Entgegen der Unkenrufe vieler besorgter evangelikaler Kritiker ist die progressive Weiterentwicklung des Glaubens kein schleichender Weg in Richtung Atheismus. Es ist vielmehr das Abwerfen von Ballast, was uns befähigt, unseren Glauben in neue Höhen zu führen. Progressiver Glaube muss nicht unter dem Radar des Heiligen Geistes fliegen! Er muss sich nicht verstecken, als wäre er etwas Unheiliges, Ungehöriges oder Lästerliches, mit dem der Heilige Geist nichts zu tun haben möchte. Im Gegenteil: Ich entdecke in den Fragen, Überlegungen, Zweifeln und neuen Ansätzen vieler progressiver Christen gerade das Wirken und das Reden des Heiligen Geistes. Progressive Christen haben sich nicht aus dem Einflussbereich Gottes herausbewegt, sondern sind meiner Meinung nach im Zentrum wichtiger Entwicklungen, die sich gerade im Reich Gottes vollziehen. Und darum dürfen auch progressive Christen für sich den Heiligen Geist, seine Kraft, seine Inspiration, seinen Segen und seinen Beistand in Anspruch nehmen!

Ich habe mich gefragt, welche Faktoren mir geholfen haben, geisterfüllt zu leben und eine kraftvolle Spiritualität zu entwickeln. Welche Einsichten und theologischen Aha-Erlebnisse, welche geistlichen Korrekturen und Weitungen, welche Rituale, geistlichen Übungen und welche Praxis haben meinem Glauben und meiner Spiritualität neue Kraft und Energie eingehaucht? Um diese aufbauenden und stärkenden Elemente des Glaubens geht es mir. Deshalb auch der Untertitel: Ein Aufbauhelfer.

Mein erstes Buch war eine Art sprachliches Ventil für das, was sich bei sehr vielen Christen innerlich angestaut hat. Ich habe in Worte gefasst, was immer mehr Christen denken und empfinden. Ich habe versucht, tiefgründig und doch einfach und verständlich auszudrücken, worum es bei diesem komplexen Glaubensumzug geht. Das ist auch die Absicht dieses Buches. Ich wünsche Ihnen, dass Sie sich mit hineinnehmen lassen in diese höchst attraktive Verbindung von progressivem Glauben und geisterfüllter Spiritualität.

Teil 1 Progressiv glauben

Theologische und biblische Einsichten zum Vorwärtsglauben

1. Schöpfungstheologisch und erlösungstheologisch denken

Es hat meinen Glauben, mein Gottesbild und mein Weltbild enorm bereichert, als ich anfing, schöpfungs- und erlösungstheologisches Denken nicht mehr gegeneinander auszuspielen. Im erlösungstheologischen Denken wird die Menschheits- und Heilsgeschichte vom sogenannten Sündenfall in 1. Mose 3 her gedeutet. Die Gefallenheit, Sündhaftigkeit, Bedürftigkeit und Verlorenheit der Schöpfung stehen im Vordergrund. Deshalb ist Erlösung so zentral.

Schöpfungstheologisches Denken orientiert sich stärker an der Schöpfungserzählung in 1. Mose 1 und 2. Hier prägen die Gottebenbildlichkeit des Menschen, seine Würde, die Schönheit der Schöpfung und deren enge Verbundenheit mit Gott die Menschheitsgeschichte und das Menschenbild. Deshalb sind Kreativität, Teilhabe an der Schöpfung und das Potenzial des Menschen so zentral.

Die ersten Kapitel der Genesis sind Gottes Wort, diese Texte sind von Gott inspiriert. Aber für mich sind es dennoch keine historischen Berichte. Es ist nicht ihre Absicht zu erklären, wie die Welt historisch und naturwissenschaftlich entstand, vielmehr beschreiben sie geistliche Wahrheiten. Das wird schon daran deutlich, dass die ersten beiden Schöpfungserzählungen (1. Mose 1,1–2,4 und 2,4–25) sehr unterschiedlich sind und sich kaum harmonisieren lassen. Wer beide Texte historisch und naturwissenschaftlich ernst nimmt, weiß am Ende nicht genau, wie die Welt eigentlich entstanden ist. Beide Schöpfungserzählungen und auch die Erzählung vom Sündenfall sind großartige, von Gott inspirierte Geschichten, die uns etwas von der Schönheit und Zerbrechlichkeit des Menschen erzählen. Es sind wichtige Texte, aus denen wir Weisheit und Kraft schöpfen können. Insofern vermitteln sie für mich auch keine reine Chronologie, so, als hätte es zuerst eine perfekte Schöpfung gegeben, die dann durch den Sündenfall zerstört wurde. Beide Geschichten beschreiben unsere Welt, wie sie die Menschen damals kannten und wie wir sie auch heute noch wahrnehmen: als Mischung aus der Gottebenbildlichkeit des Menschen, seiner Würde und gleichzeitig der Existenz des Bösen, dem die ganze Schöpfung ausgesetzt ist. Es geht also nicht einfach um ein Nacheinander, sondern auch um ein Nebeneinander. Viele evangelikale Christen orientieren sich ausschließlich am erlösungstheologischen Denken. Für sie sind die Schöpfungserzählungen in 1. Mose 1 und 2 weitgehend bedeutungslos, weil danach alles vom Sündenfall dominiert wird. Sie übersehen dabei die Gleichzeitigkeit dieser beiden theologischen Erzählstränge der Bibel.

Viele evangelikale Christen orientieren sich ausschließlich am erlösungstheologischen Denken.

Erlösungstheologisches Denken

Beim erlösungstheologischen Denken spielt die Erlösung durch Jesus Christus, das Kreuz Jesu, die zentrale und entscheidende Rolle. Das ist das Zentrum des Glaubens. Die ganze Absicht Gottes mit dieser Welt ist es, sie zu erlösen. Dahinter steckt ein defizitorientiertes Denken. Man sieht vor allem die Mängel dieser Welt und des Menschen, die nun dringend Erlösung,

Befreiung und Heilung brauchen. Diese Defizitorientierung hat als Ursache zum einen eine subjektive Wahrnehmung der Welt. Weil man auf ihre Sünde und Schlechtigkeit fixiert ist, bekommt man deren Defizite auch immer wieder neu bestätigt. Diese Wahrnehmung der Welt ist zwar berechtigt, aber trotzdem einseitig.

Zum anderen liegt die Defizitorientierung in der Sündenfallerzählung selbst. Seit der Sünde der ersten Menschen befinden wir uns in einer »gefallenen Schöpfung«. Der Garten Eden liegt hinter uns, er ist Vergangenheit. Und das Bestreben der Heilsgeschichte Gottes ist nichts anderes als eine Wiederherstellung der Zustände, wie wir sie aus der guten Schöpfung vor dem Sündenfall kennen.

In der Bibel finden sich viele Texte, die von dieser Gefallenheit und Verdorbenheit der Menschen und der Schöpfung berichten. So sagt Gott kurz nach der Sintflut, dass das Dichten und Trachten der Menschen von Kindheit an böse ist[4]. Auch Jesus betont, dass Böses aus dem Herzen der Menschen kommt[5]. Paulus steht dem in nichts nach, wenn er feststellt, dass alle Menschen gesündigt und die Herrlichkeit Gottes verloren haben[6]. Und das Faszinierende an Jesus ist, dass er mit seinem Leben und Sterben alles getan hat, um diese Welt zu heilen, zu

---

4 1. Mose 8,21: »*Nie mehr will ich um der Menschen willen die Erde verfluchen und alles Lebendige vernichten, so wie ich es gerade getan habe, auch wenn die Gedanken und Taten der Menschen schon von Kindheit an böse sind.*« (NLB)

5 Matthäus 15,19: »*Denn aus dem Herzen des Menschen kommen die bösen Gedanken und mit ihnen alle Arten von Mord, Ehebruch, sexueller Unmoral, Diebstahl, falschen Aussagen, Verleumdungen.*« (NeÜ)

6 Römer 3,23: »*Denn alle haben gesündigt und die Herrlichkeit Gottes verloren.*« (NeÜ)

retten, zu erlösen und ihr Gerechtigkeit zu bringen. Er verwandelt die Zerbrochenheit der Schöpfung.

Es gibt also gute Gründe, warum dieses erlösungstheologische Denken für unseren Glauben wichtig ist. Es ist auch Zentrum meines Glaubens. Aber wir wollen dort nicht stehenbleiben. Es braucht ein zweites Standbein, um der Erzähltradition der Bibel gerecht zu werden, denn sie kennt auch ein ausgeprägtes schöpfungstheologisches Denken.

Schöpfungstheologisches Denken

Schöpfungstheologisches Denken geht nicht vom Defizit aus, sondern vom göttlichen Potenzial. Die Grundlage für dieses Denken ist nicht der Sündenfall, sondern die Erzählung von der Erschaffung des Menschen und der gesamten Schöpfung. Gott ist der weise und fürsorgliche Schöpfer der Welt. Und in der Betrachtung seiner Schöpfung kann er von »sehr gut« sprechen[7]. Gott hat ein wundervolles Potenzial, Gutes und ungeahnte Möglichkeiten in diese Welt hineingelegt. Diese Schöpfung ist zu vielem fähig. Der Mensch ist sogar im Ebenbild, dem Bild Gottes, erschaffen. Gottes Idee mit dieser Welt ist, sie zum Blühen zu bringen. Er macht das im Zusammenspiel mit den Menschen und ihren Möglichkeiten. Darin liegt die tiefe Berufung der Menschen: diese Schöpfung zu bebauen und zu bewahren – sie zum Blühen zu bringen.

Beim erlösungstheologischen Denken sind Mensch und Schöpfung vor allem *Objekt* des Handelns und Wirkens Gottes. Beim schöpfungstheologischen Denken sind sie auch Handelnde für Gott, also *Subjekt*. Die Psalmen beschreiben: »*Die Himmel*

---

7 1. Mose 1,31: »*Danach betrachtete Gott alles, was er geschaffen hatte. Und er sah, dass es sehr gut war.*« (NLB)

verkünden die Herrlichkeit Gottes, und das Himmelsgewölbe zeigt, dass es das Werk seiner Hände ist. Ein Tag erzählt es dem anderen, und eine Nacht gibt es der anderen weiter. Sie tun es ohne Worte, kein Laut und keine Stimme ist zu hören. Und doch geht ihre Botschaft über die ganze Erde, ihre Sprache bis zum Ende der Welt.« (Psalm 19,2–5 NGÜ). Die Schöpfung predigt!

Die Schönheit der Welt wahrzunehmen und zu betonen motiviert uns, in diese Welt zu investieren, uns weiterhin um sie zu kümmern und ihr zum Gedeihen zu verhelfen. Schöpfungstheologisches Denken wendet sich der Welt zu, wohingegen erlösungstheologisches Denken sich von der Welt abwendet. Schöpfungstheologisches Denken animiert zum sozialen und ökologischen Handeln im Dienst der göttlichen Gerechtigkeit; erlösungstheologisches Denken animiert zum missionarischen und evangelistischen Handeln im Dienst der göttlichen Gerechtigkeit.

Wer nur erlösungstheologisch denkt, ist immer wieder verstört, wenn er Gutes, Gerechtes, Barmherzigkeit und tiefe Liebe außerhalb des Christentums entdeckt. Wie kann das sein, wenn das einzige Narrativ darin besteht, in einer gefallenen und verdorbenen Welt zu leben? Und wer nur schöpfungstheologisch denkt, ist immer wieder verstört, wenn er Böses, Ungerechtes, Grausames und Hasserfülltes in der Welt sieht. Wie kann das sein, wenn das einzige Narrativ darin besteht, in einer Schöpfung zu leben, deren Menschen im Bilde Gottes geschaffen sind?

Ich habe den Eindruck, dass das erlösungstheologische Denken in manchen christlichen Kreisen eine zu starke Fixierung auf das Negative ausgelöst hat. Sie sehen auf die Sündhaftigkeit des Menschen, ihre Bösartigkeit und das Ungerechte. Da kann man schnell den Eindruck bekommen, dass die Welt ganz nach 1. Mose 3 funktioniert und sich 1. Mose 1 und 2 völlig erledigt haben. Aber es gibt eben auch viel Heilsames und Wunderschönes in dieser Welt. Es wird nicht nur gesündigt, gemordet und betrogen, sondern Menschen setzen sich füreinander ein, sind füreinander da, üben Nächstenliebe, nehmen Rücksicht aufeinander und solidarisieren sich – von der einfachen Nachbarschaftshilfe bis zum großen Entwicklungshilfeprojekt. Auch Menschen, die sich nicht zum Christentum zählen, haben ein Gewissen, Anstand und ein Empfinden, was sich gehört und wo man eingreifen und zupacken muss. Auch sie sind zu Gutem, Schönem und Edlem fähig. Schöpfungstheologisch gedacht sind alle Menschen Kinder Gottes, weil sie von Gott geschaffen sind. Erlösungstheologisch gedacht sind nur diejenigen Kinder Gottes, die eine klare Entscheidung für Jesus getroffen und sich bekehrt haben.

Sechsmal gut gibt sehr gut

Weil erlösungstheologisches Denken die Defizite und die Sündhaftigkeit der Menschen im Blick hat, spielen hier Veränderung, Wachstum, Heiligung und Vollkommenheit eine große Rolle. Glaube wird zur großen Aufgabe für unseren Charakter. Das hat viele positive Aspekte, und seit Jahrtausenden verändern sich Menschen, bemühen sie sich um Heiligkeit und reifen in ihrem Charakter. Die Kehrseite davon ist, dass dieses Streben nach Heiligkeit und Vollkommenheit überfordern kann. Heiligung kann schnell in Perfektionismus umschlagen. Man hat das Gefühl, nie anzukommen, immer noch etwas ändern zu müssen, nie mit sich selbst fertig zu werden und jahrelang einem Idealbild oder geistlichen Ansprüchen hinterherzulaufen. Wenn sich das Ganze noch mit gesellschaftlichem Selbstoptimierungswahn vermischt, kann der Glaube mit seinen Ansprüchen zur Last werden. Nicht umsonst sagt Jesus: *»Ihr plagt euch mit den Geboten, die die Gesetzeslehrer euch auferlegt haben.*

Kommt alle zu mir; ich will euch die Last abnehmen! Ich quäle euch nicht und sehe auf niemand herab. Stellt euch unter meine Leitung und lernt bei mir; dann findet euer Leben Erfüllung.« (Matthäus 11,28 f. GNB)

Gerade schöpfungstheologisches Denken kann hier helfen, vom Perfektionismus freizukommen. Die biblische Schöpfungserzählung lässt uns erkennen, wie wunderschön und vollkommen Gott alles erschaffen hat. Wir können die Schönheit der Schöpfung daran ablesen. Wie das Deutsche verfügt auch das Hebräische über die Möglichkeit, das Wort «gut» zu steigern, indem wir «sehr gut» daraus machen. Das Alte Testament geht sparsam mit dieser Steigerung um. Auch wenn das Wort »gut« über 500-mal in der hebräischen Bibel vorkommt, findet sich die Steigerung »sehr gut« nur elfmal. Wenn man sich die Schöpfungserzählung durchliest, findet sich nach fast jedem Schöpfungswerk die Beurteilung Gottes: *»Gott sah es an: Es war gut.«* Nach der Erschaffung des Lichts, des Meeres, der Pflanzen, der Gestirne, der Fische und der Landtiere. Gott sieht es an, und es war gut. Und am Ende, nachdem Gott alles erschaffen hat, kommt seine Gesamtbeurteilung: *»Gott sah alles an, was er gemacht hatte: Es war sehr gut.«* (1. Mose 1,31) Das ist doch erstaunlich! Das »sehr gut«, die Perfektion, die Vollendung, das Vollkommene, findet sich erst am Ende, in der Gesamtschau. Das einzelne Schöpfungswerk ist (nur) gut, das gesamte ist sehr gut. Ich lese daraus zwei Dinge ab:

1. Gut ist gut genug!

Offensichtlich genügt es Gott, die einzelnen Schöpfungswerke gut zu machen. Er überfordert seine Werke nicht mit Perfektion und Vollkommenheit. Gott ist nicht erst mit dem »sehr gut« zufrieden. Es passt für ihn, wenn seine eigenen Werke »gut« sind, auch wenn es ein »sehr gut« gäbe! Auf mich hat das eine befreiende Wirkung. Gerade als Christen, die in Gott zur Ruhe kommen und Frieden finden sollen, ist Perfektionismus eine große Belastung. In unserem Wunsch nach Veränderung, Heiligung und Sündlosigkeit ist die Grenze zum Perfektionismus oft schwimmend, und nicht selten fühlen sich Christen von ihren frommen Ansprüchen überfordert. Hier erzählt die Schöpfung eine andere Geschichte: Gut ist gut genug! Gottes Ziel und Absicht ist nicht immer die größte Steigerung, das Maximum, das Ultimative und Beste. Das sind eher die Slogans der modernen Arbeitswelt, der Wirtschaft und der Werbung. Es ist nicht die Botschaft der Schöpfungserzählung.

Offensichtlich genügt es Gott, die einzelnen Schöpfungswerke gut zu machen. Er überfordert seine Werke nicht mit Perfektion und Vollkommenheit.

2. »Sehr gut« braucht die anderen!

Am Ende bekommt die Schöpfung von Gott das Gütesiegel »sehr gut«! Sie ist optimal, vollkommen, perfekt! Aber nicht wegen der Perfektion des Einzelnen, sondern aufgrund des Zusammenspiels aller. Bei Gott gibt sechsmal gut sehr gut! Wir kennen es von der Schule und der Notengebung: Mit sechsmal »gut« im Zeugnis ist der Gesamtschnitt nicht plötzlich »sehr gut«, sondern bleibt »gut«. Nicht so bei Gott! Die Vervollkommnung geschieht nicht aus mir heraus, sondern durch mein Eingebundensein in ein Miteinander. Ich brauche den anderen, seine Gaben, seine Schönheit, sein Potenzial, damit es zusammen mehr ergibt, als der Einzelne zu bieten hat. Hier ist bereits das Geheimnis der Gemeinschaft angedeutet, das im Bild des Leibes, wo einer den anderen braucht und ohne ihn nicht auskommt, weiter entfaltet wird. Das Gute, das ich habe (nicht das Perfekte), wird ergänzt durch das Gute des anderen, und auf geheimnisvolle Weise – wie bei der Schöpfung begleitet vom

Heiligen Geist – wird es besser als seine einzelnen Komponenten. Ich allein muss nicht alles können, wissen, schaffen und erreichen.

Schöpfungstheologisches Denken befreit von falschem Perfektionismus, der den Eindruck hat, dass Gott erst zufrieden ist, wenn alles perfekt ist und ich nichts mehr verbessern kann. Es macht uns klar, dass die Schönheit und das Potenzial des anderen auch für mich, meine Entwicklung und mein Potenzial von großer Bedeutung ist.

Jesus – Zentrum der Erlösung und der Schöpfung

Jesus ist nicht nur das Zentrum der Erlösung, sondern auch das Zentrum der Schöpfung. Beide gehen von Jesus aus. Durch Kreuz und Auferstehung ist Jesu erlösungstheologische Bedeutung offensichtlich. Seine schöpfungstheologische Bedeutung sollen einige Verse der Bibel unterstreichen:

- *»Der Sohn ist das Ebenbild des unsichtbaren Gottes, der Erstgeborene, der über der gesamten Schöpfung steht. Denn durch ihn wurde alles erschaffen, was im Himmel und auf der Erde ist, das Sichtbare und das Unsichtbare, Könige und Herrscher, Mächte und Gewalten. Das ganze Universum wurde durch ihn geschaffen und hat in ihm sein Ziel.«*

  (Kolosser 1,15 f. NGÜ)
- *»Aber für uns steht fest: Es gibt nur einen Gott – den Vater, von dem alles kommt und für den wir geschaffen sind. Und es gibt nur einen Herrn – Jesus Christus, durch den alles geschaffen wurde und durch den auch wir das Leben haben.«*

  (1. Korinther 8,6 NGÜ)

Weil Jesus immer wieder als der eigentliche Schöpfer bezeichnet wird, ist er damit auch Zentrum und Ursprung der gesamten Schöpfung. Alle Existenz verdankt sich ihm und hat ihn als Ziel. Es gäbe keine Schöpfung und nichts Gutes in der Schöpfung ohne Jesus. Und es gäbe keine Erlösung, keine Wiederherstellung und keine Heilung ohne ihn.

Es gäbe keine Schöpfung und nichts Gutes in der Schöpfung ohne Jesus. Und es gäbe keine Erlösung, keine Wiederherstellung und keine Heilung ohne ihn.

Wie Schöpfungs- und Erlösungstheologie zusammenspielen, wird durch einen Vers aus dem Römerbrief deutlich: »*Wenn nun Menschen, die nicht zum jüdischen Volk gehören und mit dem Gesetz Gottes daher nicht in Berührung gekommen sind, von sich aus so handeln, wie es das Gesetz fordert, dann ist dieses Gesetz, auch wenn sie es nicht kennen, offensichtlich ein Teil von ihnen selbst. Ihr Verhalten beweist, dass das, was das Gesetz fordert, ihnen ins Herz geschrieben ist. Das zeigt sich auch im Urteil ihres Gewissens und am Widerstreit von Anklagen und Rechtfertigungen in ihren Gedanken.*« (Römer 2,14 f. NGÜ)

Paulus nimmt wahr, dass die heidnischen Völker schöpfungstheologisch gesehen Gottes Gesetz, ein Gespür für das Richtige und Gute, in ihren Herzen tragen. Das zeigt das Potenzial und die Ebenbildlichkeit des Menschen. Und gleichzeitig werden sie erlösungstheologisch an diesem Gesetz schuldig und erleben daher Anklage in ihrem Gewissen. Das zeigt die Zerbrochenheit des Menschen. Egal ob wir nun von der Schöpfung oder vom Sündenfall ausgehen – beide Male ist Jesus im Zentrum. Ihn brauchen wir. Ohne ihn geht nichts. Wenn Christen sich zu sehr auf einen einzelnen Aspekt konzentrieren, ist die Gefahr groß, dass wichtige Aspekte unseres christlichen Daseins zu kurz kommen. Ich halte eine Wiederentdeckung der Schöpfungstheologie für unseren Glauben für unerlässlich. Zu viele Jahre waren Teile der evangelikalen Welt rein erlösungstheologisch unterwegs und haben ihre Weltverantwortung nur im Sinn von Mission und Evangelisation wahrgenommen. Im Extremfall kann die Schöpfung vor die Hunde gehen, Hauptsache, Menschen werden gerettet. Dann ist es wichtiger, den geistlichen Hunger zu stillen, als sich um den körperlichen Hunger zu kümmern. Wenn beide theologischen Ansätze zusammenkommen, bedeutet Heil nicht nur himmlische, sondern auch irdische Gerechtigkeit. Das Reich Gottes wird dann nicht nur als zukünftige Größe verstanden, auf die wir hinsteuern, sondern als Wiederherstellung der Schöpfung im Hier und Jetzt, nach der wir trachten sollen.

In mancher Geschichte überrascht Jesus seine erlösungstheologisch fixierten Zuhörer. Er macht deutlich, wie viel Gutes bei denen zu finden ist, deren religiöse Überzeugungen von den »Frommen« als falsch, ungenügend oder Irrlehre verurteilt wurden. So finden sich beim barmherzigen Samariter, der im jüdischen Denken aufgrund seiner geistlichen Verirrungen dringend Erlösung nötig hätte, viele Merkmale eines wahren Gläubigen. Er wird regelrecht zum Vorbild für seine jüdischen Zuhörer.[8]

Wenn beide theologischen Ansätze zusammenkommen, bedeutet Heil nicht nur himmlische, sondern auch irdische Gerechtigkeit.

Einem heidnischen Zenturio attestiert Jesus einen größeren Glauben, als er ihn bisher in Israel vorgefunden hat.[9]

Im Gleichnis vom Weltgericht heißt der himmlische König viele Wohltäter in seinem Reich willkommen, auch wenn die sich ihrer gerechten Taten gar nicht bewusst waren.[10]

---

8 Vgl. Lukas 10,25–37

9 Matthäus 8,10

10 Vgl. Matthäus 25,31–40

Und die kleinen Kinder macht Jesus zu Eigentümern des heißbegehrten Reiches Gottes.[11]

All diese Texte lassen sich nur schöpfungstheologisch deuten. Wer allein die erlösungstheologische Brille kennt, muss bei den oben genannten Personen irgendwo eine Bekehrung oder die persönliche Gottesbeziehung hineinschmuggeln. Aber genau das will Jesus nicht. Das ist gerade das Überraschende an diesen Geschichten.

Sollen wir jetzt erlösungs- oder schöpfungstheologisch denken? Das ist die falsche Frage! Wir brauchen beide Denkweisen, auch wenn sie in Spannung zueinander stehen. Wer es gerne schwarz-weiß hat, entscheidet sich für eine Position und verpasst dabei wesentliche Aspekte der christlichen Nachfolge. Beide Aspekte zusammen sind wie die Gläser einer 3-D-Brille im Kino. Erst wenn ich durch beide hindurchschaue, bekommen Leben und Glauben ihre notwendige Tiefe. Wenn ich sie abnehme, sehe ich nur noch ein verschwommenes Bild. Ich muss mich von dem Bedürfnis befreien, alles in meinem Glauben harmonisieren zu müssen. Wenn ich die verschiedenen theologischen Denkmuster zulasse, verliert manches zwar seine Eindeutigkeit, ich gewinne aber in unvergleichlichem Maße an Tiefe und Weisheit.

---

11 Matthäus 19,14

Schöpfungs- und erlösungstheologisches Denken in wenigen Worten

> *Die ersten Kapitel der Genesis sind keine historischen und chronologischen Berichte. Sie beschreiben vielmehr eine Spannung, die Menschen seit Jahrtausenden wahrnehmen. Auf der einen Seite sind sie zu ungeheuer viel Edlem und Gutem fähig, was ihre Gottesebenbildlichkeit zum Ausdruck bringt. Auf der anderen Seite können sie ungeheuer viel Böses und Sündhaftes tun. Das bringt ihre menschliche Zerbrochenheit und Hilflosigkeit zum Ausdruck. Um das Leben miteinander, mit der Schöpfung und mit Gott richtig zu verstehen, sind beide Perspektiven nötig.*

2. Die Fülle des Evangeliums erleben

Ein weiterer Aspekt, der meinen persönlichen Glauben stark und tragfähig gemacht hat, war die Wiederentdeckung des Evangeliums in seiner ganzen Fülle und Breite.

Der Kern der biblischen Botschaft und des gesamten Christentums ist das Evangelium. Dieses Evangelium wird seit Jesus allen Nationen verkündet. Fast 80-mal findet sich der Begriff im Neuen Testament. Evangelium bedeutet *»die gute Botschaft, frohe Nachricht, erfreuliche Mitteilung«*.[12] Es ist die befreiende und beglückende Mitteilung vom nahe bevorstehenden oder schon erfolgten Kommen des Reiches Gottes, also von der guten Herrschaft Gottes. Das Evangelium teilt uns mit, *»dass die Mächte des Himmels da sind, um mit der Macht der Finsternis aufzuräumen. Gott selbst hat das Regiment in die Hand genommen und stellt seine göttliche Ordnung wieder her.«*[13] Es ist die Botschaft der Errettung, Erlösung und Befreiung. Aber die große Frage ist: Wovon will Jesus uns erlösen, erretten und befreien? Für welche Probleme gilt die (Er)Lösung?

Nach meiner evangelikalen Sozialisierung war die Antwort auf diese Frage schnell gegeben: Jesus erlöst uns von unserer Schuld, denn das große Menschheitsproblem ist die Sünde. So heißt es in der evangelikal geprägten Lausanner Verpflichtung

---

12 Ralf Luther, Neutestamentliches Wörterbuch, Hamburg 1958, S. 43

13 Ebd. S. 44

von 1974: »*Evangelisieren heißt, die gute Nachricht zu verbreiten, daß Jesus Christus für unsere Sünden starb und von den Toten auferstand nach der Schrift und daß Er jetzt die Vergebung der Sünden und die befreiende Gabe des Geistes allen denen anbietet, die Buße tun und glauben.*« [14] Und es sind wahrscheinlich Generationen von Christen, die mithilfe des Traktates »Die vier geistlichen Gesetze«[15] von Bill Bright das Evangelium weitergegeben haben. Die Kernaussagen darin sind:

- Der Mensch ist sündig und von Gott getrennt. Deshalb kann er die Liebe und den Plan Gottes für sein Leben nicht erkennen und erfahren.
- Jesus Christus ist Gottes einziger Ausweg aus der Sünde für die Menschen. Durch ihn können sie die Liebe Gottes und seinen Plan für ihr Leben kennenlernen und erfahren.

Die Lausanner Erklärung und auch dieses Traktat spitzen die Botschaft des Evangeliums auf die Schuldfrage zu. Inhalt des Evangeliums ist dann im Wesentlichen die Vergebung. Aber nun gibt es ein Problem. Als ich mich »bekehrt« habe, hatte ich mich nicht besonders schuldig gefühlt. Durch die Erziehung in meinem Elternhaus, den frühen Tod meiner Mutter und die damit verbundene Verantwortung, die ich übernehmen musste, habe ich mich als Jugendlicher relativ vernünftig verhalten. Mit 13 Jahren fand ich zum Glauben und entwickelte mich zum feu-

---

14 https://lausanne.org/de/lausanner-verpflichtung/lausanner-verpflichtung; 4. Wesen der Evangelisation

15 Fairerweise muss man sagen, dass sich Campus für Christus dieser Engführung bewusst ist und mit dem Heftchen »Gott kennenlernen« 2024 eine Neuformulierung unternommen hat. Darin wird die Erlösung wesentlich breiter gefasst und auf unsere Scham, Angst, Ohnmacht und Schuld bezogen.

rigen Nachfolger Jesu. In meinem evangelistischen Eifer stand ich aber ebenfalls vor dem Problem, dass ich Menschen erst von ihrer Schuld und ewigen Verlorenheit überzeugen musste, um ihnen dann das Lösungspaket mit Vergebung, Versöhnung und ewigem Leben anbieten zu können. Immer und immer wieder fiel mir auf, dass die Menschen um mich herum nicht mit dem Schuldbewusstsein ausgestattet waren, das ich gebraucht hätte, um ihnen das Evangelium der Vergebung verkünden zu können. Dieses mangelnde Schuldbewusstsein war für mich umso mehr Beweis ihrer Verdorbenheit, Blindheit und Sündhaftigkeit.

In meinem evangelistischen Eifer stand ich vor dem Problem, dass ich Menschen erst von ihrer Schuld und ewigen Verlorenheit überzeugen musste, um ihnen dann das Lösungspaket mit Vergebung, Versöhnung und ewigem Leben anbieten zu können.

Erst Jahre später kam mir der Gedanke, dass vielleicht nicht allein das mangelnde Schuldbewusstsein das Problem war, sondern mein beschränktes Erlösungsverständnis. Das Evangelium mit der Vergebung unserer Sünden gleichzusetzen, ist eine schreckliche Verkürzung. Das ist so, als würde jemand die gesamte Welt der Medizin auf die Orthopädie reduzieren. Dabei geht es auch um Innere Medizin, Anästhesie, Gynäkologie, Geriatrie, Neurologie, Kinderheilkunde, Immunologie, Psychiatrie, Chirurgie usw. Medizin will mehr als gebrochene Knochen wieder zusammenflicken. Die Welt der Medizin ist so viel größer als die Orthopädie. Der menschliche Körper ist so viel mehr als Knochen, Sehnen und Bänder. Und das Evangelium ist so viel mehr als Vergebung der Sünden und die Erlösung des einzelnen Menschen. Aber diese Reduzierung des Evangeliums auf vier geistliche Gesetze hat dazu geführt, dass wir entscheidende Aspekte der guten Botschaft übersehen haben. Am Ende geht es für viele Christen um nichts anderes als das, was wir schon als Kinder gebetet haben: »Ich bin klein, mein Herz ist rein, soll niemand drin wohnen als Jesus allein!« Das Evangelium dient dazu sicherzustellen, dass das eigene Herz rein und die Beziehung zu Gott wieder in Ordnung gebracht werden. Weiter geht der Blick oft nicht.

In diesem Sinne ist das Evangelium vor allem eine gute Botschaft *für mich*. Gott sendet seinen Sohn in diese Welt und lässt ihn sterben – für mich. Und wenn es nur mich gegeben hätte, hätte Gott trotzdem seinen Sohn gesandt. Diese verkürzte Darstellung des Evangeliums hat zu einem individualisierten Glauben geführt: meine Erlösung, meine Beziehung zu Gott, mein Seelenheil, meine Vergebung, mein reines Herz und meine Wohnung im Himmel. Zudem hat man bei diesem Evangeliumsverständnis vor allem die Ewigkeit in Blick. Dadurch sind diese Welt, ihre Beschaffenheit, ihr Zustand und ihre Zerbrochenheit nicht von großem Interesse, sondern vielmehr das, was nach dieser Welt kommt, was im Jenseits auf uns wartet. Darum wundert es auch nicht, dass bei diesem Verständnis des Evangeliums soziales Engagement, die Bewahrung der Schöpfung und des Friedens nicht immer im Blickfeld sind. Man ist entweder evangelikal und evangelistisch oder man ist liberal und sozialdiakonisch. Man darf sich schon um Arme kümmern, aber entscheidend ist deren Seelenheil. Was nützt es, wenn einer genug zu essen hat und am Ende doch verlorengeht? Man darf sich schon um die Bewahrung der Schöpfung und der Natur kümmern, aber was nützt das, wenn am Ende sowieso alles vergeht und nur der neue Himmel und die neue Erde zählen? Man darf sich schon um Frieden bemühen, aber so entscheidend ist das nicht, denn viel schlimmer als der irdische ist der ewige Tod.

Längst wurde diese Engführung des Evangeliums auch missionstheologisch kritisiert. Der Missionswissenschaftler Jayson

Georges macht in seinem Buch »Mit anderen Augen« deutlich, dass die Menschen nicht nur ein Schuldproblem haben. Er unterscheidet drei Arten von Kulturen:

1. **Schuld-Unschuld-Kulturen.** Darunter versteht man individualistische Kulturen, in denen Menschen als schuldig betrachtet werden, wenn sie das Gesetz brechen. Angehörige solcher Kulturen versuchen, Unrecht durch Wiedergutmachung oder Vergebung zu begleichen.
2. **Scham-Ehre-Kulturen.** Sie sind kollektivistisch geprägt und meist in den östlichen Ländern anzutreffen. Wer gegen die Erwartungen seiner Gruppe handelt, bringt damit Scham oder Schande über sich. Um dieses Problem zu lösen, versucht er, seine Ehre vor der Gruppe wiederherzustellen. In diesen Kulturkreisen ist das Schambewusstsein viel deutlicher ausgeprägt als das Sündenbewusstsein. Schuldig zu werden ist weniger schlimm, als entehrt oder beschämt zu werden. Im Extremfall wird lieber ein Ehrenmord begangen, als sich mit Schande abzufinden. Weite Teile des Alten Testaments sind von diesem Schambewusstsein geprägt.
3. **Angst-Macht-Kulturen.** Diese finden wir in vielen Naturvölkern und indigenen Stämmen. Die Menschen haben Angst vor dem Bösen, vor Geistern, Naturphänomenen und Unheil aller Art. Sie versuchen, durch magische Rituale Macht über die Geisterwelt zu gewinnen und sie zu ihren Gunsten zu beeinflussen. Im afrikanisch-ozeanischen Kulturkreis ist das Angstbewusstsein deutlicher ausgeprägt als das Sündenbewusstsein. Dort beschwört man Geister, trägt Amulette und Religion hat vor allem den Zweck, vor dem Bösen, Unglück oder Flüchen zu schützen.

Wenn das Evangelium auf die Vergebung von Schuld verkürzt wird, finden viele Menschen aus anderen Kulturen – und in einer globalisierten Welt inzwischen auch in Europa – keinen Zugang mehr zum Evangelium. Obwohl alle Menschen vor Gott schuldig sind, ist nicht für alle Menschen die Schuldproblematik die Drängendste. »Während Christen im Westen traditionell eher die Erlösung von Schuld betonen, sehnen sich die Menschen vieler anderer Kulturen rund um die Welt eher nach Ehre, um Schande abzuwenden, und nach Macht, um ihre Angst zu überwinden. Die befreiende Botschaft von Jesus gilt allen und umfasst viel mehr, als wir erkennen ... Die Bibel ... zeigt uns, wie wir Menschen durch Gottes Gnade von Scham, Angst und nicht zuletzt von unserer Schuld geheilt werden können«, unterstreicht Georges.

Wenn das Evangelium auf die Vergebung von Schuld verkürzt wird, finden viele Menschen aus anderen Kulturen keinen Zugang mehr zum Evangelium.

Es ist darum dringend notwendig, die ganze Fülle des Evangeliums und damit der Erlösung wahrzunehmen. Was unsere Erlösung beinhaltet, ist ungeheuer reich, relevant und attraktiv für die zerbrochene Welt um uns her. Ich selbst füge dem Ganzen noch eine vierte Kultur hinzu, die weniger geografisch zugeordnet werden kann, als vielmehr den Großteil der menschlichen Gesellschaft prägt. Ich nenne sie die *Überforderungskultur.* Mehr dazu im weiteren Verlauf dieses Kapitels.

Das Evangelium

Mit dem Wort Evangelium greift das Neue Testament einen Begriff der damaligen Zeit auf. Im römischen Kaiserkult hat der Begriff einen politischen Klang. Weil der Kaiser mehr ist als ein gewöhnlicher Mensch, darum sind seine Anordnungen

Evangelium. Was er spricht und verordnet, bedeutet göttliches Heil für die Menschen. Damit tritt Jesus mit seiner Verkündigung des Evangeliums in direkte Konkurrenz zum römischen Kaiser. Denn nicht vom Kaiser geht nun dieses Heil und der damit verbundene Friede aus, sondern von der Person Jesu. Er selbst ist das Evangelium, die Erlösung und das Heil für die ganze Welt. Von Kaiser Augustus heißt es: *»Der Geburtstag des Gottes wurde für die Welt zum Anfang der Evangelien, die seinetwegen ausgehen.«*[16] Der Geburtstag des Kaisers Augustus, der als Sohn Gottes (divi filius) und als Retter verehrt wurde, wird zum Anfang des Evangeliums. Die Autoren des Neuen Testaments greifen den Inhalt dieses Satzes auf und übertragen ihn auf Jesus. So lautet der erste Satz im Markusevangelium: *»Dies ist der Anfang des Evangeliums von Jesus Christus, dem Sohn Gottes.«* (Markus 1,1 NGÜ) Das Evangelium beginnt nun nicht mit dem Geburtstag von Augustus, sondern mit der Geburt von Jesus. Nicht Augustus ist der Sohn Gottes, sondern Jesus. Nicht Augustus ist der Retter, sondern Jesus ist der Messias (Christus), der Gesalbte und Retter. Während der eine die Pax Romana bringt, bringt der andere messianischen Frieden. In den Ohren der damaligen Hörer war die Botschaft vom Evangelium die Verheißung von ungeheurem Heil und Frieden. Weil Jesu Reich aber nicht von dieser Welt und gänzlich anders als das Römische Reich ist, sind auch die Inhalte seines Evangeliums ganz andere als die Heilsankündigung des römischen Imperators. Das Evangelium von Jesus ist nicht die gute Botschaft vom militärischen Frieden nach langen Bürgerkriegswirren. Das Evangelium von Jesus ist der Beginn der Erlösung von den großen Grundproblemen der Menschheit.

---

16 Brockhaus Biblisches Wörterbuch, S. 96

Die vier Grundprobleme der Menschheit

Ich bin der Überzeugung, dass uns die Erzählung vom sogenannten Sündenfall (1. Mose 3) auf vier große Verwerfungen und Probleme in der Menschheit aufmerksam macht. Auf poetische Art und Weise wird in dieser Erzählung beschrieben, was die Menschen damals als Kernprobleme ihrer Welt wahrgenommen haben. Diese Wahrnehmung hat an Relevanz bis heute nichts verloren und legt allem Elend in der Welt vier Wurzeln zu Grunde. Es ist eine treffende Beschreibung dessen, was alle Menschen bis heute zutiefst verstört, und wovon sie Erlösung, Heilung, Befreiung oder Errettung brauchen.

1. Das Schuldproblem

Zum Ersten ist die Erzählung vom Sündenfall Adams und Evas eine Geschichte der Schuld. Wir lesen in 1. Mose 2: »*Jahwe-Gott brachte also den Menschen in den Garten Eden, damit er diesen bearbeite und beschütze, und wies ihn an: ›Von allen Bäumen im Garten darfst du nach Belieben essen, nur nicht von dem Baum, der dich Gut und Böse erkennen lässt. Sobald du davon isst, wirst du sterben müssen.*‹« (1. Mose 2,15–17 NeÜ)

In 1. Mose 3 wird dann erzählt, wie der Mensch sich dazu verführen lässt, das Verbotene zu tun und Gottes Gebot zu übertreten. Damit wird der Mensch schuldig. Schuldig vor Gott und seinem Gebot, aber auch schuldig aneinander. Es ist eine Verkettung von Misstrauen, Lüge und Verführung. Im Neuen Testament wird diese Schuldproblematik zum Beispiel in Galater 3,22 bestätigt: »*Aber die Schrift erklärt, dass die ganze Welt von der Sünde gefangen gehalten wird.*« (NeÜ) Menschliches Leben ist somit zutiefst gezeichnet von Schuld, Sünde, Versagen, Eigenwille, Ungehorsam, Unabhängigkeit, Untreue,

Der Mensch hat ein Schuldproblem. Schuld stört und zerstört menschliches Leben und Dasein.

Misstrauen und Unehrlichkeit. Der Text macht klar: Der Mensch hat ein Schuldproblem. Schuld stört und zerstört menschliches Leben und Dasein.

2. Das Schamproblem

Die Schöpfungstexte erzählen von einer weiteren großen Störung, von der die Menschheit seither gezeichnet ist – der Scham: »*Plötzlich gingen beiden die Augen auf, und ihnen wurde bewusst, dass sie nackt waren. Hastig flochten sie Feigenblätter zusammen und machten sich daraus einen Lendenschurz.*« (1. Mose 3,7 HfA) Das Neue Testament formuliert die Schamproblematik zum Beispiel in Römer 3,23: »*Alle sind schuldig geworden und haben die Herrlichkeit verloren, in der Gott den Menschen ursprünglich geschaffen hatte.*« (GNB)

Bei der Schamproblematik ist das bestimmende Gefühl: Ich bin ein Fehler, ein Versager.

Menschen zu allen Zeiten nehmen wahr, dass sie schambehaftet sind. Diese Scham ist vielleicht am offensichtlichsten im Bereich unserer Sexualität, geht aber weit darüber hinaus. Die Schamproblematik in dieser Erzählung will uns deutlich machen, dass menschliches Leben zutiefst gestört und schamvoll ist durch Entblößung, Beschämung, Demütigung, Missbrauch, Abwertung, Verurteilung, Misstrauen, Ausgrenzung, Distanz und Rückzug. Menschen nehmen immer wieder schmerzhaft den Verlust ihrer Ehre, Würde und ihres Wertes wahr. Sie sehnen sich nach Anerkennung und Ansehen, nach Ehre, Zugehörigkeit und Herrlichkeit, nach Annahme, Gemeinschaft und Hingabe. Der Kampf um unseren Wert und gegen unseren Selbstzweifel prägt die gesamte Menschheit.

Bei der Schuldproblematik ist das bestimmende Gefühl: Ich habe einen Fehler gemacht und versagt. Das Tun und Handeln des Menschen sind gestört. Bei der Schamproblematik ist das bestimmende Gefühl: Ich bin ein Fehler, ein Versager. Die Würde und das Sein des Menschen sind gestört.

Gegen die Schuldproblematik ist das typische Vorgehen die Strafe, damit dem Recht und der Gerechtigkeit Genüge getan wird. Gegen die Schamproblematik ist das typische Vorgehen der Ausschluss, damit der beschämende Faktor aus einer Gruppe oder einer Sippe beseitigt wird.

Bei der Schuldproblematik ist die typische Reaktion, sich zu rechtfertigen oder zu entschuldigen. Bei der Schamproblematik ist die typische Reaktion, Fehler zu verstecken oder sich zu distanzieren. Neben Rückzug kann auch Angriff zu den Reaktionen auf Scham gehören: andere beschuldigen und beschämen. Die Schamabwehrreaktionen sind dabei in der Regel destruktiv – entweder sich selbst oder auch anderen gegenüber.

Die Schamproblematik erhält auch in der westlichen Welt durch den Aufstieg der sozialen Medien eine neue Relevanz. Neben der direkten Beschämung, die Menschen aufgrund ihres sozialen Standes oder beruflichen Mobbings erleben, gehört es inzwischen zu unserer Kultur, sich digital von seiner besten Seite zu zeigen. Entweder man kann bei diesem Schaulaufen mithalten oder steht unter dem ständigen Eindruck, weniger sportlich, beliebt, leistungsfähig, erfolgreich und damit auch weniger wert zu sein. Es ist die tägliche Beschämung durch die zur Schau gestellten Erfolge der anderen, mit denen wir uns vergleichen.

Wichtig in diesem Zusammenhang ist allerdings die Feststellung, dass Scham nicht nur etwas Negatives ist. Der Psychiater Daniel Hell beschreibt in seinem Buch »Lob der Scham« auch die positiven Seiten des Schamgefühls. Schamgefühle sind etwas Gesundes, im Gegensatz zur Schamlosigkeit. Scham zeigt: Ich habe noch ein Gefühl für meinen Selbstwert, der gerade durch Beschämung angegriffen wird. Hell meint, wir sollten die Scham als »*Türhüterin des Selbst*« achten und schätzen lernen. Als Sozial-, Selbst- und Wertgefühl dient sie uns als hilfreicher Sensor, der einen Verlust an Selbstrespekt oder eine Identitätskrise anzeigt. Scham sollte daher nicht verdrängt, sondern ein konstruktiver Umgang damit gefunden werden. Auch darin findet die Erlösung von Scham ihren Ausdruck.

3. Das Angstproblem

Unsere Erzählung vom Sündenfall schildert noch eine dritte Störung, von der die Menschheit bis heute tief gezeichnet ist: die Angstproblematik. »*Aber Gott, der HERR, rief: ›Adam, wo bist du?‹ Adam antwortete: »Ich hörte dich im Garten und hatte Angst, weil ich nackt bin. Darum habe ich mich versteckt.*« (1. Mose 3,9–10 HfA)

Das Neue Testament formuliert die Angstproblematik zum Beispiel in Hebräer 2,15: »*So hat er (Jesus) die Menschen befreit, die durch ihre Angst vor dem Tod das ganze Leben lang Sklaven gewesen sind.*« (GNB)

Der Mensch empfindet nicht nur Schuld oder Scham, sondern es steigert sich dahin, dass er eine tiefsitzende Angst empfindet. Diese Angst entwickelt sich zum dominierenden Lebensgefühl. Die Menschen nehmen wahr, wie schutzlos und störanfällig sie für das Böse sind. Furcht, Verunsicherung, Unfreiheit, Dominiertwerden, Ausgeliefertsein, Feindschaft, böse Mächte und der unausweichliche Tod als letzter Feind bestimmen seither ihr Lebensgefühl. Ihre große Sehnsucht ist Schutz und Bewahrung, Geborgenheit und Sicherheit, Unabhängigkeit und Freiheit. Dieses Grundgefühl der Angst ist kein Problem der Menschen im Altertum oder Mittelalter, das wir durch die Aufklärung überwunden hätten. Globale Probleme, gesundheitliche Bedrohungen, eine Pandemie, ein prekäres Wirtschaftssystem, ausgehende Ressourcen, Energiekrise, Inflation, Bildungssysteme in Schieflage, Wohnungsnot, Flüchtlingsströme, Zunahme von Diktaturen, Kriege, Terrorismus, Extremismus, Fundamentalismus und gesellschaftliche Polarisierungen tragen nicht gerade zur Beruhigung bei. Es gibt eine Menge Gründe, die Menschen im 21. Jahrhundert mit großer Angst zurücklassen. Aktuell sind viele Entscheidungen der Bevölkerung, gerade auch Wahlentscheidungen, von dieser Angst gesteuert.

Die Erzählung vom Sündenfall macht also zunächst drei menschliche Grundprobleme deutlich:

- Die Menschen haben ein Schuldproblem, weil ihre Gerechtigkeit verlorenging.
- Die Menschen haben ein Schamproblem, weil ihre Herrlichkeit und Würde verlorengingen.
- Die Menschen haben ein Angstproblem, weil ihre Freiheit und ihr Schutz verlorengingen.

Ich glaube, dass die Erzählung vom Sündenfall aber noch ein viertes Grundproblem, eine vierte Störung deutlich macht:

4. Das Überforderungsproblem

Die Menschen erleben nicht nur Schuld, Scham und Angst, sie erleben auch den Zustand der Überforderung. Aus dem Zustand von Fülle, Überfluss und Reichtum wird Mangel, Armut und Ohnmacht. Seit der Vertreibung aus dem Paradies befindet sich der Mensch im Zustand der konstanten Überforderung und des Mangels. So lesen wir weiter in der Genesis: *»Dann wandte Gott sich zur Frau: ›Ich werde dir in der Schwangerschaft viel Mühe auferlegen. Unter Schmerzen wirst du deine Kinder zur Welt bringen. Du wirst dich nach deinem Mann sehnen, aber er* *wird dein Herr sein!‹ Zu Adam sagte er: ›Statt auf mich hast du auf deine Frau gehört und von den Früchten gegessen, die ich euch ausdrücklich verboten hatte. Deinetwegen soll der Ackerboden verflucht sein! Dein ganzes Leben lang wirst du dich abmühen, um dich von seinem Ertrag zu ernähren. Du bist auf ihn angewiesen, um etwas zu essen zu haben, aber er wird immer wieder mit Dornen und Disteln übersät sein. Du wirst dir dein Brot mit Schweiß verdienen müssen, bis du stirbst. Dann wirst du zum Erdboden zurückkehren, von dem ich dich genommen habe. Denn du bist Staub von der Erde, und zu Staub musst du wieder werden!‹«* (1. Mose 3,16–19 HfA)

Seit der Vertreibung aus dem Paradies befindet sich der Mensch im Zustand der konstanten Überforderung und des Mangels.

Immer wieder nehmen Menschen ihre eigene Schwachheit, Hilflosigkeit und Begrenztheit wahr und fühlen sich dadurch überfordert. Der Mensch ist aufgerufen, fruchtbar zu sein und gleichzeitig wird das Kindergebären zur schmerzhaftesten Erfahrung im Leben einer Frau. Die tägliche Arbeit wird zur Mühsal, aus der Fülle an Nahrung wird ein karger Boden mit Dornen und Disteln. Das Leben kostet Schweiß und Strapazen. Es mangelt an Kraft und an Ressourcen. Aus dem ehemaligen Leben im Garten Eden, also im Überfluss, wird ein Defizitdasein, ein Dasein im Mangel, in der Entbehrung, in Schwachheit, Ohnmacht und Überforderung. Und die große Sehnsucht der Menschen ist Versorgung, Macht und Stärke, Kraft, volles Potenzial und Erfolg, Möglichkeiten und die Aktivierung innerer Ressourcen.

Im Gegensatz zu den ersten drei Problematiken lässt sich das Überforderungsproblem weniger geografisch zuordnen. Es ist ein globales Phänomen, das alle Kulturen durchdringt. Immer mehr Menschen fühlen sich vom Leben überfordert, empfinden Stress und erleben Erschöpfung als reale Bedrohung ihrer Gesundheit. Ausbrennen ist in aller Munde. Dieses Phänomen hat viel mit der Globalisierung zu tun. Die Welt wird immer größer, die Probleme der ganzen Menschheit landen über die Medien in unserem Zuhause, die Anforderungen an Ausbildung und Beruf werden immer höher, die Konkurrenz wächst. Der stetige Verlust an Normalität, weil alles Mögliche neu verhandelt wird, wird als enorm anstrengend erlebt. Zudem arbeiten wir immer stärker an unserer Selbstoptimierung. So manche Heiligungsbewegung und Nachfolgeprogramme tragen ihren Anteil dazu bei. Wir leben für die Zukunft, für das Morgen, für das unser Heute nicht ausreicht. In einer globalen Neidgesellschaft sind die dominierenden Lebensgefühle der Mangel und das Defizit. Und bei einem globalen Wirtschaftssystem, das auf Wachstum ausgerichtet ist, ist Stillstand – auch persönlicher Stillstand – inakzeptabel. Besser, höher, weiter ist das Mantra der Überforderungsgesellschaft. Von der Kultur Edens sind wir meilenweit entfernt ebenso von der Ruhe des Sabbats. Wir sind Nomaden auf einem verfluchten Acker und fristen unser Dasein im Schweiße unseres Angesichts.

Diese vier Grundprobleme der Menschen bewirken, dass sich die Menschen

- durch die Schuldproblematik heillos fühlen,
- durch die Schamproblematik wertlos fühlen,
- durch die Angstproblematik schutzlos fühlen,
- durch die Überforderungsproblematik hilflos fühlen.

Wie weiter oben bereits erwähnt, halte ich die Erzählung von Adam und Eva nicht für historisch. Für mich waren Adam und Eva keine historischen Personen, die tatsächlich einmal gelebt haben, denn der hebräische Begriff »Adam« bedeutet zunächst einmal nichts anderes als »Mensch«. Die Erzählung von Adam ist dadurch eine große Erzählung über die Menschheit. Möchte man die Schöpfungserzählung und auch die Erzählung vom Sündenfall wörtlich und historisch nehmen, dann verkommen sie zu primitiven Sagen oder Märchen. Sie verlieren ihre Relevanz und ihre Weisheit. Für mich reden diese Texte nicht von der Person Adam, sondern von dem Typus Adam, dem Menschen an sich. Adam ist eine Verkörperung des Menschlichen, die über die Jahrtausende hinweg nichts an Relevanz verloren hat. Die Weisen und Gelehrten im Judentum haben mit ihrer Kenntnis, ihrem Feingefühl und durch die Inspiration des Heiligen Geistes wahrgenommen, dass die gesamte Menschheit, ob Jude oder Heide, ob Mann oder Frau, ob jung oder alt, von großen Problemen, tiefen Brüchen und Störungen gekennzeichnet ist. Der Sündenfall ist nicht die historische Ursache dieser Störungen, sondern die literarische Aufarbeitung der vier großen Störungen in einer Geschichte, die für alle Zeit diese Störungen beschreibt und sichtbar macht. Damit bekommen diese Störungen zwar keinen zeitlichen Anfang, aber einen inhaltlichen Ausgangspunkt. Diese Störungen entwickeln sich zu all dem, was wir bis heute an Zerbrüchen, Leid und Elend in der Welt vorfinden.

Ich stehe staunend vor diesen Texten und bewundere ihre Kenntnis des menschlichen Wesens und erkenne darin ihre göttliche Inspiration. Weit vor allen psychologischen und soziologischen Entdeckungen beschreiben die Texte bereits die großen Probleme der Menschheit, die uns bis heute beschäftigen.

Die Erlösung von den vier Grundproblemen der Menschheit

Wenn menschliches Dasein schon immer von vier Grundproblemen geprägt ist, dann muss Erlösung die Lösung für diese vier Probleme sein.

- Für das Schuldproblem bedeutet die Erlösung Vergebung und Gerechtigkeit.
- Für das Schamproblem bedeutet die Erlösung Annahme und Würde.
- Für das Angstproblem bedeutet die Erlösung Schutz und Freiheit.
- Für das Überforderungsproblem bedeutet die Erlösung Fülle und Vollmacht.

Weil Jesus der Erlöser ist, hängt die Fülle der Erlösung mit seinem gesamten Leben zusammen. Die entscheidenden Stationen seines Lebens dienen der Befreiung und Heilung von den vier großen Grundproblemen der Menschheit. Als Kirche nehmen wir das Leben Jesu in Form der großen kirchlichen Feste wahr: Weihnachten, Karfreitag, Ostern und Pfingsten.

Wenn menschliches Dasein schon immer von vier Grundproblemen geprägt ist, dann muss Erlösung die Lösung für diese vier Probleme sein.

Weihnachten – das LEBEN Jesu: Erlösung von Scham und Ausgrenzung

Weihnachten steht für das Leben Jesu. Ab hier beginnt sein irdisches Dasein und sein Wirken unter den Menschen. Das Leben Jesu ist gekennzeichnet von Zuwendung, Annahme, Hinwendung und Erbarmen den Menschen gegenüber, die ihre Würde, Ehre, Achtung oder Zugehörigkeit verloren haben. Jesus hat sich während seines ganzen Lebens den Menschen am Rande, den Verachteten zugewendet, mit ihnen gesprochen, gegessen und sie zurückgeholt in die Gemeinschaft.

Bibelstellen zur Erlösung von Scham und Ausgrenzung:

- Hebr.12,2b: »*Weil große Freude auf ihn wartete, erduldete Jesus den Tod am Kreuz und <u>trug die Schande</u>, die damit* *verbunden war. Jetzt hat er als Sieger den Ehrenplatz an der rechten Seite Gottes eingenommen.«* (HfA)

- Eph.2,19 *»So seid ihr also keine Fremden mehr, geduldete Ausländer, sondern ihr seid Mitbürger der Heiligen und gehört zur Familie Gottes.«* (NeÜ)
- Phil.3,20: *»Doch wir haben unser Bürgerrecht im Himmel. Von dort her erwarten wir auch unseren Retter und Herrn Jesus Christus.«* (NeÜ)
- Lk.1,52: *»Er hat die Mächtigen vom Thron gestürzt und die Geringen emporgehoben.«* (NGÜ)

Karfreitag – das STERBEN Jesu: Erlösung von Schuld und Sünde

Karfreitag steht für das Sterben Jesu. Mit dem Tod Jesu am Kreuz wird die Schuldproblematik der Menschen gelöst. Sein vergossenes Blut bewirkt die Reinigung und Vergebung von unseren Sünden.

Bibelstellen zur Erlösung von Schuld und Sünde:

- Eph.1,7: *»In ihm haben wir die Erlösung durch sein Blut, die Vergebung der Sünden nach dem Reichtum seiner Gnade.«* (LUT 2017)
- Kol.1,14: *»Durch ihn, Jesus Christus, sind wir erlöst; durch ihn sind uns unsere Sünden vergeben.«* (NGÜ)
- 1.Joh.1,7b: *»... das Blut Jesu, seines Sohnes, reinigt uns von aller Sünde.«* (NGÜ)

Ostersonntag – die AUFERSTEHUNG Jesu: Erlösung von Angst und Gebundenheit

Ostern steht für die Auferstehung Jesu. Durch die Auferweckung wurde Jesus zum Überwinder. Er ist stärker als der Tod. Er hat die Macht des Feindes und der Hölle überwunden. Jesus ist der große Sieger, dem alle Gewalt gegeben ist im Himmel und auf der Erde.

Bibelstellen zur Erlösung von Angst und Gebundenheit:

- Mt.28,18: »*Jesus trat auf sie zu und sagte: »Mir ist alle Macht im Himmel und auf der Erde gegeben.*« (NGÜ)
- 1.Joh.3,8b: »*Doch der Sohn Gottes ist gerade deswegen in die Welt gekommen, um die Werke des Teufels zu zerstören.*« (HfA)
- Hebr.2,14: »*Da Gottes Kinder Menschen aus Fleisch und Blut sind, wurde auch Jesus als Mensch geboren. Denn nur so konnte er durch seinen Tod die Macht des Teufels brechen, der Macht über den Tod hatte.*« (NLB)

Pfingsten – das KOMMEN Jesu im Geist: Erlösung von Schwachheit und Überforderung

Pfingsten steht für das Kommen Jesu in seinem Geist. Dadurch erhalten seine Jünger Kraft aus der Höhe und werden bevollmächtigt. Sie erleben die Fülle des Geistes, Mut und Optimismus, empfangen Geistesgaben, Geschenke des Himmels, die sie reicher machen als Gold und Silber. Sie können ihre Nachfolge, ihr Leben und ihr Dasein in der Kraft und Fülle des Himmels führen.

Bibelstellen zur Erlösung von Schwachheit und Überforderung:

- Mt.11,28: »*Kommt zu mir! Alle, die ihr am Ende seid, abgearbeitet und mutlos: Ich will euch Erholung und neue Kraft schenken.*« (DBU)
- Joh.4,14: »*Wer aber von dem Wasser trinkt, das ich ihm geben werde, wird nie mehr Durst haben. Ich gebe ihm Wasser, das in ihm zu einer Quelle wird, die bis ins ewige Leben weitersprudelt.*« (GNB)
- Joh.7,38: »*Wenn jemand an mich glaubt, werden aus seinem Inneren, wie es in der Schrift heißt, Ströme von lebendigem Wasser fließen.*« (NGÜ)

- Lk.24,49: »*Ich aber werde die Kraft aus der Höhe auf euch herabsenden, wie mein Vater es versprochen hat. Bleibt hier in der Stadt, bis ihr damit ausgerüstet werdet.*« (NGÜ)
- Apg.1,8: »*Aber ihr werdet Kraft empfangen, wenn der Heilige Geist über euch gekommen ist, und so meine Zeugen sein in Jerusalem, in ganz Judäa und Samarien und bis in den letzten Winkel der Welt.*« (NeÜ)

An Weihnachten feiern wir das Leben Jesu, und sein Leben steht für seine Zuwendung.

An Karfreitag feiern wir den Tod Jesu, und sein Tod steht für seine Vergebung.

An Ostersonntag feiern wir Jesu Auferstehung, und seine Auferstehung steht für seinen Sieg.

An Pfingsten feiern wir sein Kommen im Geist, und sein Geist steht für Fülle und Bevollmächtigung.

Weil wir das gesamte Leben Jesu in den Blick nehmen, sind diese vier Elemente auch zutiefst aufeinander bezogen, durchdringen und bedingen sich gegenseitig. Wenn wir diese Bandbreite und Fülle des Evangeliums wahrnehmen, wird es noch viel mehr zu einer guten Botschaft! Erlösung wird zu etwas Ganzheitlichem, das unser gesamtes Dasein und Lebensgefühl auf dieser Welt umfasst. Wer die Menschen wirklich liebt, darf ihre Not und Bedürftigkeit nicht allein auf Sünde reduzieren. Die Menschen haben mehr als nur ein Schuldproblem. Die anderen Grundprobleme dominieren das Lebensgefühl vieler Menschen mehr als die Frage von religiöser Schuld. Unzählige Menschen in unserem Umfeld ringen um ihren Wert angesichts sozialer

Verwerfungen und der Dominanz sozialer Medien. Menschen haben große Ängste angesichts globaler Bedrohungen, die durch Energiekrise, Pandemie und Krieg deutlich an Brisanz gewonnen haben. Und ich treffe kaum einen Menschen, der sich nicht gestresst und überfordert fühlt von den nicht enden wollenden Anforderungen und Anspruchstellern des Lebens. Darum müssen wir Erlösung breiter denken, als wir das in den letzten Jahrzehnten durch die vier geistlichen Gesetze und andere Evangelisationsinstrumente verkündigt haben. Ich möchte nicht leugnen, dass alle Menschen vor Gott ein Schuldproblem haben. Aber es ist sinnlos, immer an dieser Problematik anzuknüpfen, wenn die Menschen dafür keine Wahrnehmung mehr haben.

Es ist nicht so, dass das Evangelium nur in Bezug auf unsere Schuld eine Antwort bieten würde. Das ist doch gerade das Großartige an dieser guten Botschaft, dass sie für alle Grundprobleme der Menschen einen Anknüpfungspunkt und eine göttliche Lösung bietet. Wir können getrost verkündigen: Alle großen Störungen der Menschen, alle menschlichen Abgründe sind hineingenommen in die Erlösung, die im Evangelium verkündigt wird. Darum ist das Evangelium für alle Menschen eine gute Botschaft, egal welche Zerbruchserfahrung oder welches Lebensgefühl bei ihnen im Vordergrund steht oder aus welcher Kultur sie stammen. Das gesamte Leben Jesu, von seiner Geburt über sein Sterben, Auferstehen bis zum Kommen im Geist ist die Grundlage für ein erfülltes Leben und den Inhalt der guten Botschaft, mit der wir Menschen Hoffnung machen dürfen.

Das ist doch gerade das Großartige an dieser guten Botschaft, dass sie für alle Grundprobleme der Menschen einen Anknüpfungspunkt und eine göttliche Lösung bietet.

Im Folgenden möchte ich die Unterschiedlichkeit dieser vierfachen Erlösung stichwortartig darstellen

	Scham – Würde	**Schuld – Gerechtigkeit**	**Angst – Freiheit**	**Überforderung – Fülle**
Erlösung von	Unehre und Wertlosigkeit	Schuld und Sünde	Angst und Gebundenheit	Ohnmacht, Defizit, Mangel und Schwachheit
Grundgefühl des Menschen	Wertlos	Heillos	Schutzlos	Hilflos
Negative Konsequenzen	Ausgrenzung Abwertung, Beschämung, Verurteilung, Wertlosigkeit, Ausgrenzung	Ungerechtigkeit Schuld, schlechtes Gewissen, Versagen, Eigenwille, Egoismus, Unabhängigkeit, Untreue	Tod, Furcht, Unfreiheit, Dominanz, Feindschaft, Fluch, böse Mächte	Armut, Ohnmacht Unfähigkeit, Feigheit, Eingrenzung, fehlende Ressourcen, Misserfolg, Überforderung, Erschöpfung
Zentrales Erleben des Menschen	Annahme, Wert, Würde	Vergebung, Bereinigung, Versöhnung	Schutz, Freiheit, Sicherheit	Fülle, Vollmacht, Kraft
Auswirkung auf unser Leben	Gemeinschaftsstiftend – weil ich mit mir versöhnt bin	Friedensstiftend – weil ich mit Gott versöhnt bin	Freiheitsstiftend – weil ich in Gott geborgen bin	Sinnstiftend – weil ich etwas bewirken kann und die Hilflosigkeit überwunden wird
Gottes Lösung durch Jesus	Jesu Leben – **Zuwendung**	Jesu Tod am Kreuz – **Vergebung**	Jesu Auferstehung – **Sieg**	Jesu Kommen im Geist – **Fülle** und **Bevollmächtigung**

Biblisches Fest dazu	Weihnachten – Feier des Lebens Jesu	Karfreitag – Feier des Todes Jesu	Ostern – Feier der Auferstehung Jesu	Pfingsten – Feier der Fülle des Geistes Jesu
Problematik in alltäglicher Form	Selbstzweifel	Schwächen	Sorgen	Stress
Negative Kulturentwicklung dieser Problematik	Schamkultur: sich anpassen und vergleichen	Schuldkultur: sich rechtfertigen	Angstkultur: sich absichern	Überforderungskultur: sich ablenken
Kulturerlebnis	Kollektiv	Individuell	Individuell	Kollektiv
Aktueller Bezug	Soziale Medien, Schönheitswahn, Sozialkontrolle, Imagepflege	Gesetzlosigkeit, Egoismus, Unmoral	Okkultismus, Mythologie, New Age, Magie	Leistungsgesellschaft, Wachstum, Optimierung, Materialismus, Isolation, Alltagsmüdigkeit
Evangelisationsstil in Bezug auf die jeweilige Problematik	Sozialevangelisation (Freundschaftsevangelisation); »first belong, then believe«	Klassisch-evangelistische Predigt; »Tut Buße«-Predigt, bekehrungsorientiert, Umkehr des Sünders	Power Evangelism, Zeichen und Wunder	Bildungsevangelisation, Kompetenzevangelisation, Beratung, Kurse, Ermutigung, Meditation, Ruhe, positiver Ansatz
Die gute Nachricht (Evangelium) zu jeder Problematik	Gott ist an deinem Wert und deiner Würde interessiert und führt dich aus Minderwertigkeit und Ablehnung.	Gott ist an deinem Heil und Charakter interessiert und vergibt dir deine Schuld.	Gott ist an deinem Schutz und deiner Unversehrtheit interessiert und will dein Leben bewahren.	Gott ist an deinem Potenzial und deinen Gaben interessiert und will, dass du aus seiner Kraft lebst.
Reich-Gottes-Aspekt	Gottes Herrschaft in unseren Beziehungen	Gottes Herrschaft in unserem Gewissen/ Herzen	Gottes Herrschaft über alle Mächte und Gewalten	Gottes Herrschaft in unserer Arbeit und Lebensgestaltung

Die Fülle des Evangeliums in unserem Alltag

Die Begriffe, die ich für die vier Grundprobleme und Störungen der Menschheit gebraucht haben, sind ziemlich wuchtig: Schuld, Scham, Angst, Überforderung. So manch einer wird sich beim Lesen vielleicht gedacht haben: Irgendwie sind das nicht meine Probleme. Vielleicht gibt es Leute, die damit echte Probleme haben, aber ich fühle mich nicht total schuldig, laufe nicht dauernd mit schlechtem Gewissen durchs Leben. Ich bin auch kein schambehafteter Mensch und habe nicht den Eindruck, meine Ehre steht auf dem Spiel und ich hätte meine Würde verloren. Mich beschäftigt auch nicht permanent das Thema Angst, ich habe nicht den Eindruck, dass Mächte auf uns einstürmen und mich unfrei machen wollen. Und ich fühle mich auch nicht völlig überfordert, ich meistere mein Leben eigentlich ganz gut.

Wie können wir dem Evangelium Relevanz verleihen im Kontext unseres alltäglichen Lebens?

Wie können wir dem Evangelium Relevanz verleihen im Kontext unseres alltäglichen Lebens? Ich denke, es kann hilfreich sein, wenn wir diese vier Begriffe ersetzen durch das, was sie in ihrer einfachsten Form bedeuten. Wodurch nehmen diese großen Störungen oft ihren Anfang? Was wäre denn die Übersetzung dieser vier Grundprobleme in unseren Alltag?

Schuld – Schwächen – Veränderung

Wenn wir ehrlich sind, sind auch für uns Christen Sünde und Schuld manchmal weit weg. Die Begriffe sind fast zu groß, um das zu beschreiben, was wir in diesem Bereich immer wieder erleben. Ich würde darum sagen, dass Schuld in ihrer abgeschwächten Form unsere Schwächen sind. Und ich meine damit charakterliche Schwächen. Wir haben nicht den Eindruck, uns dauernd zu versündigen, aber wir merken, dass z.B. Neid, Neugier, Zorn oder Bequemlichkeit echte Schwächen von uns sind, mit denen wir immer wieder Schaden anrichten bei Menschen um uns herum. Schuld ist nicht so sehr unser Problem, aber unsere Schwächen sind an einigen Stellen tatsächlich problematisch.

Auch hier bietet uns Jesus eine Lösung an, indem er uns von innen heraus verändern kann. Ein Schlüsselvers für die Erlösung von Schuld ist 1. Johannes 1,9: »*Wenn wir aber unsere Sünden bekennen, dann erweist sich Gott als treu und gerecht: Er wird unsere Sünden vergeben und uns von allem Bösen reinigen.*« (HfA)

Jesus hat versprochen, uns zu einer neuen Kreatur zu machen und von unserer Schuld zu reinigen. Dieses Reinigen bedeutet auch verändern: Da wird etwas anders und verschwindet. Jesus vergibt nicht nur, er reinigt auch vom Bösen, putzt es weg aus unserem Leben. Das möchte Jesus auch mit unseren Schwächen machen. Er will uns helfen, dass sie mehr und mehr verschwinden und am Ende nicht mehr sichtbar oder problematisch sind.

Scham – Selbstzweifel – Selbstwert

Auch wenn wir in keiner jahrhundertealten Schamkultur leben, haben trotzdem viele von uns mit Selbstzweifeln zu kämpfen. Scham in seiner abgeschwächten Form sind Selbstzweifel. Typische Fragen des Selbstzweifels lauten:

- Mögen die anderen mich? Finden sie mich toll?
- Ist mir dies oder jenes gelungen? Kam das auch richtig an?
- Werde ich gesehen und wahrgenommen?
- Bin ich anerkannt? Gehöre ich dazu?

Gerade die sozialen Medien mit der dauernden Veröffentlichung besonderer Leistungen, Glücksmomenten, herausragenden Erfahrungen oder besonderer Schönheit führen dazu, dass immer mehr Menschen an sich zweifeln. Wie steht es mit meinen Leistungen, meinem Glück, meinem Leben und meiner Schönheit? Das Scrollen durch Instagram-Storys, den WhatsApp-Status oder Facebook-Nachrichten hinterlässt scharenweise informierte, aber auch an sich selbst zweifelnde Social-Media-Konsumenten. So viele Menschen zweifeln an ihrem Aussehen, ihrer Figur, ihrem Gewicht, ihrer Sportlichkeit und Fitness angesichts der unzähligen Bilder, die uns in Werbung, auf Plakaten oder Bildschirmen begegnen. Immer mehr Arbeitnehmer haben Zweifel an ihrer Leistung oder Kompetenz angesichts der Vorgaben und Anforderungen, die an sie und die Mitarbeiter ihrer Abteilung gestellt werden. Und ich erlebe eine ganze Generation junger Eltern, die voller Selbstzweifel stecken, ob sie ihren Kindern gerecht werden, ob sie zu streng sind oder zu nachlässig, zu fürsorglich oder zu fordernd, zu einschränkend oder zu großzügig. Viele junge Eltern zweifeln an ihrer Erziehungskompetenz und bleiben am Ende passiv. Statt bewusst zu erziehen, zögern und zweifeln sie und verpassen dadurch wichtige Erziehungsmomente.

Wir alle brauchen ein bestimmtes Maß an Selbstvergewisserung, an Würde, Ehre und Herrlichkeit, die Gott uns zusprechen und ins Herz legen möchte.

Scham ist vielleicht nicht unser Problem, aber Selbstzweifel. Und genau davon möchte Jesus uns erlösen. Wir alle brauchen ein bestimmtes Maß an Selbstvergewisserung, an Würde, Ehre und Herrlichkeit, die Gott uns zusprechen und ins Herz legen möchte. Und aus diesem Zuspruch von Würde entsteht das, was wir alle brauchen, nämlich Selbstwertgefühl und Selbstbewusstsein! Ein Schlüsselvers dieses Aspektes der Erlösung ist Johannes 17,22: *»Ich habe ihnen die gleiche Herrlichkeit gegeben,* *die du mir gegeben hast, damit sie eins sind, so wie du und ich.«* (GNB) Wir könnten das Wort »Herrlichkeit« auch durch »Wert« oder »Selbstwert« ersetzen. Scham isoliert, macht einsam und schafft Distanz. Jesus hat uns Herrlichkeit und Wert geschenkt, damit die Distanz überwunden wird, wir wieder zusammenfinden, eins werden und so Beziehung und Nähe hergestellt werden können. Dieser Selbstwert ist nicht einfach Doping für unser Ego, sondern schafft Verbindung und Gemeinschaft. Er bewirkt Frieden in unserer Seele.

Angst – Sorgen – Versorgung

Auch Angst ist ein wuchtiges Wort. Und es mag sicher Menschen geben, die von tiefen Ängsten geplagt werden oder Angstzustände haben, aber für viele von uns ist das dominierende Lebensgefühl nicht die Angst. Trotzdem ist dieses Thema äußerst relevant, denn Angst in ihrer schwächsten Form sind Sorgen. Sorgen sind Befürchtungen, und im Wort Befürchtungen steckt bereits das Wort »Furcht«. Sorgen sind in gewisser Weise die Ängste vor dem negativen Ausgang einer bestimmten Sache. Wenn jemand sagt, dass er sich Sorgen um seine Gesundheit macht, dann ist im Hinterkopf eben doch die Angst, dass man schlimm erkranken könnte. Sorgen sind die kleine Schwester der Angst.

Im Alten Testament stellt sich Gott als »Jahwe Jireh« vor, das bedeutet so viel wie: Gott, mein Versorger. Ich liebe dieses Wort »Versorger«. Gott möchte mich versorgen. Dies ist die Antwort auf meine Sorgen. Im Deutschen bezeichnet die Vorsilbe »ver« unter anderem die Änderung von etwas bis hin zu seiner Zerstörung. Versorgen heißt in dem Sinne nichts anderes, als die Sorgen zu zerstören, weil Gott für mich sorgt. Gott als Versorger entsorgt

Gott als Versorger entsorgt meine Sorgen!

meine Sorgen! Vielleicht haben wir keine riesigen Ängste, aber wir haben Sorgen. Auch davon will Jesus uns erlösen und uns als Versorger zur Seite stehen. Ein Schlüsselvers hierfür wäre 1. Petrus 5,7: »*Ladet alle eure Sorgen bei Gott ab, denn er sorgt für euch.*« (HfA)

Überforderung – Stress – Ressourcen

Kaum jemand möchte zugeben, dass er überfordert ist. Aber auch die Überforderung hat einen kleinen Bruder: Wir nennen ihn Stress. Ich höre zwar nicht oft, dass Leute sagen, sie seien überfordert, aber ich höre sehr oft, dass Leute im Stress sind. Stress ist nichts anderes als die ständige Konfrontation mit Forderungen, deren Abarbeitung nicht vollständig gelingt, und die dadurch irgendwann zur Überforderung werden. Wer einmal überlegt, an wie vielen Fronten er gerade gestresst und gefordert ist, wie viele Lebenshüte er trägt und damit seinen Mann oder ihre Frau stehen muss, merkt, dass sein Zustand doch etwas mit Überforderung zu tun hat. Auch davon möchte das Evangelium von Jesus Christus uns befreien. Die Lösung für unsere Überforderung heißt, dass Jesus uns innerlich immer wieder neue Kräfte schenken, unsere Ressourcen erweitern und unseren Frieden vergrößern möchte.

Ein Schlüsselvers hierfür wäre 2. Korinther 4,16: »*Deshalb verlieren wir nicht den Mut. Denn wenn wir auch äußerlich aufgerieben werden, so werden wir doch innerlich jeden Tag erneuert.*« (NeÜ)

Oder Epheser 3,16: »*Ich bitte Gott, euch aus seinem unerschöpflichen Reichtum Kraft zu schenken, damit ihr durch seinen Geist innerlich stark werdet.*« (HfA)

Jesus selbst hat in Matthäus 11,28 versprochen: »*Kommt zu mir! Alle, die ihr am Ende seid, abgearbeitet und mutlos: Ich will euch Erholung und neue Kraft schenken.*« (DBU)

- Schuld in ihrer einfachsten Form sind unsere Schwächen. Gottes Lösung liegt in unserer Veränderung.
- Scham in ihrer einfachsten Form sind Selbstzweifel. Gottes Lösung liegt in unserem Selbstwert.
- Angst in ihrer einfachsten Form sind unsere Sorgen. Gottes Lösung liegt in unserer Versorgung.
- Überforderung in ihrer einfachsten Form ist Stress. Gottes Lösung liegt in inneren Ressourcen.

Wenn wir statt von Scham, Schuld, Angst und Überforderung auch von Selbstzweifeln, Schwächen, Sorgen und Stress reden, kommen uns die großen Grundprobleme der Menschheit plötzlich ganz nah. So wie Gott die Schwächen meines Charakters verändern kann, kann er die Verunsicherungen, die Verängstigung oder die Limitierung meines Charakters verändern. Erlösung umfasst all diese Bereiche. Das ist wahrhaftig eine gute Nachricht!

Die Fülle des Evangeliums in einer einzigen Geschichte

Es gibt eine sehr bekannte Geschichte von Jesus, die wie keine andere die Botschaft des Evangeliums zusammenfasst. Diese Geschichte hat mein Gottesbild zutiefst geprägt. Als mir die vier menschlichen Grundproblemen und die vier Aspekte der Erlösung bewusst geworden sind, hat auch diese Geschichte in neuer Weise zu mir gesprochen. Jesus erzählt sie in Lukas 15,11–24:

> *Jesus erzählte weiter: »Ein Mann hatte zwei Söhne. Eines Tages sagte der jüngere zu ihm: ›Vater, ich will jetzt schon meinen Anteil am Erbe haben.‹ Da teilte der Vater seinen Besitz unter die beiden auf. Nur wenige Tage später machte der jüngere Sohn*

seinen Anteil zu Geld, verließ seinen Vater und reiste ins Ausland. Dort leistete er sich, was immer er wollte. Er verschleuderte sein Geld, bis er schließlich nichts mehr besaß. Da brach in jenem Land eine große Hungersnot aus. Es ging dem Sohn immer schlechter. In seiner Verzweiflung bettelte er so lange bei einem Bauern, bis der ihn zum Schweinehüten auf die Felder schickte. Oft quälte ihn der Hunger so sehr, dass er sogar über das Schweinefutter froh gewesen wäre. Aber nicht einmal davon erhielt er etwas. Da kam er zur Besinnung: ›Bei meinem Vater hat jeder Arbeiter mehr als genug zu essen, und ich sterbe hier vor Hunger. Ich will zu meinem Vater gehen und ihm sagen: Vater, ich bin schuldig geworden an Gott und an dir. Sieh mich nicht länger als deinen Sohn an, ich bin es nicht mehr wert. Lass mich bitte als Arbeiter bei dir bleiben!‹ Er machte sich auf den Weg und ging zurück zu seinem Vater. Der erkannte ihn schon von weitem. Voller Mitleid lief er ihm entgegen, fiel ihm um den Hals und küsste ihn. ...Sein Vater aber befahl den Knechten: ›Beeilt euch! Holt das schönste Gewand im Haus und legt es meinem Sohn um. Steckt ihm einen Ring an den Finger und bringt Schuhe für ihn! Schlachtet das Mastkalb! Wir wollen essen und feiern! Denn mein Sohn war tot, jetzt lebt er wieder. Er war verloren, jetzt ist er wiedergefunden.‹ Und sie begannen ein fröhliches Fest. (HfA)

Bei genauem Lesen erkennt man beim jüngeren Sohn die vier Grundprobleme:

Die Scham des Sohnes

Der Sohn in unserer Geschichte ist zutiefst beschämt. Nach einem anfänglichen Höhenflug stürzt er vollkommen ab. Er landet als Tagelöhner auf dem Hof eines Schweinezüchters – für Juden unreine Tiere! Er leidet großen Hunger und ist es nicht einmal wert, das Schweinefutter zu bekommen. In einer orientalischen Gesellschaft ist das nicht nur für ihn eine Schande, sondern er bringt auch Schande über seine ganze Familie. Er selbst bringt den Verlust seiner Würde zum Ausdruck, indem er zum Vater sagt: *»Sieh mich nicht länger als deinen Sohn an, ich bin es nicht mehr wert.«* (V. 19)

»Ich bin es nicht mehr wert« ist der typische und symptomatische Satz der Schamproblematik. Die Scham in uns spricht: Ich bin es nicht wert.

Die Schuld des Sohnes

Natürlich ist der Sohn auch schuldig geworden. Er hat den Besitz seines Vaters verachtet, die Gebote Gottes mit Füßen getreten und sein Geld mit Prostituierten durchgebracht. Und so sagt er selbst: *»Vater, ich bin vor Gott und vor dir schuldig geworden.«* (V. 18)

»Ich bin schuldig geworden« ist der typische und symptomatische Satz der Schuldproblematik.

Die Angst des Sohnes

Der Sohn begibt sich in die Abhängigkeit eines heidnischen Schweinezüchters und ist von dessen Wohlwollen und Gunst abhängig. Er gerät in Unfreiheit, in Gebundenheit und ist vollkommen machtlos. *»Und er ging hin und hängte sich an einen der Bürger jenes Landes.«* (V. 15) Er muss darum bangen, jeden Moment entlassen zu werden oder überhaupt Lohn zu bekommen. Am Ende hat er Angst um sein Leben, denn er droht tatsächlich zu verhungern: *»Ich sterbe hier vor Hunger!«* (V. 17). Der Sohn befindet sich in einer beängstigenden und abhängigen Situation.

»Ich sterbe hier« ist der dramatischste und stärkste Satz der Angstproblematik.

Die Überforderung des Sohnes

Der Sohn erlebt den Verlust von Fülle und Vollmacht und landet im Zustand des absoluten Mangels. *»Als er aber alles verzehrt hatte, kam eine gewaltige Hungersnot über jenes Land, und er selbst fing an, Mangel zu leiden.«* (V. 14). Die ganze Situation ist so überfordernd, dass sich der Sohn nicht mehr zu helfen weiß.

»Mangel leiden« ist der typische und symptomatische Satz der Überforderungsproblematik.

Und so kommt der Sohn, der von Scham, Schuld, Angst und Mangel geprägt ist, zur Besinnung und macht sich auf den Nachhauseweg. Die Sohnschaft hat er sich zwar verspielt, aber jedem Arbeiter seines Vaters geht es besser als ihm. Also: Warum nicht einer der Tagelöhner seines Vaters werden? *»Er machte sich auf den Weg und ging zurück zu seinem Vater. Der erkannte ihn schon von weitem. Voller Mitleid lief er ihm entgegen, fiel ihm um den Hals und küsste ihn.«* (V. 20)

Dass der Vater den Sohn von Ferne sieht, macht deutlich, dass er nach seinem Sohn Ausschau gehalten hat. Er hat nie aufgehört, sich nach seinem Sohn zu sehnen. Und als er ihn erblickt, kann ihn nichts mehr aufhalten: Er rennt seinem Sohn entgegen, was für einen betagten Orientalen sehr ungewöhnlich war. Aber hier geht es nicht darum, was die Leute denken, sondern er möchte so schnell wie möglich bei seinem Sohn sein. Und nun erlebt der Sohn vier Gesten des Vaters, die für die vier Aspekte der Erlösung stehen. Es sind Symbole, Chiffren, die wir übersetzen müssen, die zugleich Erlösung für die tiefen Probleme des Sohnes sind.

Kuss und Umarmung als Symbol der Vergebung

Zunächst fällt der Vater dem Sohn um den Hals und küsst ihn. Diese Geste bringt Versöhnung und Vergebung zum Ausdruck. Der Vater hindert seinen Sohn durch die Umarmung daran, vor ihm auf die Knie zu fallen. Auch der Kuss ist eine starke Geste der Versöhnung. Der Vater zeigt damit, dass er seinem Sohn verziehen hat und er in seiner Gegenwart sein darf. Es gibt eine Geschichte von König David, dessen Sohn Absalom sich schwer an seinem Vater versündigt hatte. Absalom hatte Davids erstgeborenen Sohn und damit den eigenen Stiefbruder aus Wut und Zorn getötet. Daraufhin floh er ins Ausland. Drei Jahre später hatte sich Davids Trauer über seinen erstgeborenen Sohn gelegt und Absaloms Freunde baten ihn darum, dass dieser doch wieder zurückkehren dürfe. David gestattete es, sagte aber: *»Er darf wieder in seinem Haus wohnen, aber mir soll er nicht unter die Augen kommen!« So lebte Absalom wieder in seinem Haus, den König durfte er jedoch nicht sehen. «*[17] Der Vater in unserem Gleichnis hätte es durchaus genauso machen können. »Der Kerl kann zurückkommen und für mich arbeiten, aber ich möchte ihn nicht wiedersehen.« Ganz anders dieser Vater. Das Entgegenlaufen, die Umarmung und der Kuss drücken Intimität und innigste Nähe aus. Da bleibt keine Distanz, diesem jungen Mann ist vergeben, und der Vater ist versöhnt. Insofern erlösen die Umarmung und der Kuss des Vaters den Sohn von seiner Schuld und Sünde. Er beschenkt ihn mit Vergebung und Gerechtigkeit. Wenn Sünde trennend wirkt, dann ist sie hier vollkommen überwunden.

---

17 2. Samuel 14,24

Als Nächstes werden dem Sohn drei Dinge überreicht: ein Festgewand, ein Ring und Sandalen.

Das Ehrenkleid als Symbol der Würde

Das schönste Gewand im Haus ist das Ehrenkleid. Man brachte Menschen das schönste Gewand, wenn man sie ehren und würdigen wollte. Heute verleiht man Orden, wenn man jemanden auszeichnen möchte. Im alten Orient tat man das mithilfe von schönen Gewändern oder einem Ehrenkleid. Insofern steht dieses Gewand, das dem Sohn angezogen wird, für den Aspekt der Würde, Annahme, Wertschätzung und Ehre. Der Vater erlöst den Sohn von seiner Scham und Schande. Er beschenkt ihn mit Annahme und Würde.

Der Ring als Symbol der Vollmacht

Der Ring in unserem Gleichnis meint den Siegelring. Es geht hier nicht einfach um ein Schmuckstück, sondern um die Übertragung aller Vollmachten des Vaters auf den Sohn durch diesen Ring. Der Sohn findet dadurch zurück in die Fülle des Familienbesitzes und die Vollmacht des Familiennamens. Diese Übertragung von Macht und Fülle erlöst ihn von seiner Überforderung und seinem Mangel.

Die Schuhe als Symbol der Freiheit

Schuhe zu tragen war das Vorrecht des freien Mannes. Sklaven und Tagelöhner mussten barfuß gehen. Aber die Füße des freien Mannes schützen seine Schuhe. Indem der Vater seinem Sohn Schuhe bringen lässt, befreit er ihn vom Zustand des Sklaven und Untertanen, des Geknechteten und damit Verängstigten und schenkt ihm damit Freiheit und Schutz. Er ist nicht länger abhängig von einem anderen und dessen Launen oder Bösartigkeit ausgeliefert, sondern wird erneut zum freien

Mann. Durch das Symbol der Schuhe wird der Sohn erlöst von seiner Angst und Unfreiheit. Der Vater beschenkt den Sohn mit Schutz und Freiheit.[18]

Es ist doch erstaunlich, dass hier vier Symbole und Gesten gewählt werden, die exakt mit den vier Aspekten der Erlösung korrespondieren:

- Der Vater küsst und umarmt und erlöst damit den heillosen Sohn von Schuld und Sünde.
- Der Vater schenkt ein Ehrengewand und erlöst damit den wertlosen Sohn von Scham und Schande.
- Der Vater schenkt den Siegelring und erlöst damit den hilflosen Sohn von Überforderung und Mangel.
- Der Vater schenkt die Schuhe und erlöst damit den schutzlosen Sohn von Angst und Unfreiheit.

---

18 Auf diese Zusammenhänge weist Joachim Jeremias in »Die Gleichnisse Jesu« ausführlich hin (S. 114 f.): »1. Das Ehrenkleid steht voran; es bedeutet im Orient eine hohe Auszeichnung. Man kennt keine Orden: wenn der König einen verdienten Würdenträger auszeichnen will, schenkt er ihm ein kostbares Gewand; das Anlegen des neuen Gewandes ist daher Sinnbild der Heilszeit. Mit anderen Worten: er wird als Ehrengast ausgezeichnet. 2. Ring und Schuhe: der Ring ist, wie die Ausgrabungsfunde lehren, als Siegelring zu denken; seine Übergabe bedeutet Vollmachtsübertragung. Schuhe sind Luxus; der freie Mann trägt sie: der Sohn soll nicht länger wie ein Sklave barfuß laufen.«

Die Fülle des Evangeliums erleben in wenigen Worten

Es schwächte meinen Glauben auf Dauer, beim Evangelium immer nur an die Themen Schuld und Sünde denken zu müssen. Die gute Botschaft war damit auf Vergebung reduziert. Es macht meinen Glauben hingegen stark und leidenschaftlich, die gesamte Bandbreite des Evangeliums wahrnehmen, verkündigen und selbst erleben zu dürfen. Ich muss nicht immer am Thema Schuld ansetzen, sondern kann auch an Zweifeln, Schwächen, Sorgen und dem Stress der Menschen anknüpfen, um die Relevanz der christlichen Botschaft deutlich zu machen.

Für das Schuldproblem bedeutet die Erlösung Vergebung und Gerechtigkeit.

Für das Schamproblem bedeutet die Erlösung Annahme und Würde.

Für das Angstproblem bedeutet die Erlösung Schutz und Freiheit.

Für das Überforderungsproblem bedeutet die Erlösung Fülle und Vollmacht.

3. Verschiedene Deutungen des Kreuzes verstehen

Das Überwinden der Engführung des Evangeliums auf Schuld und Vergebung findet nicht nur in postevangelikalen, sondern auch in klassisch evangelikalen Kreisen immer mehr Befürworter. Das gestaltet sich bei der Deutung des Kreuzes schwieriger. Jedes neue Nachdenken über die Bedeutung des Kreuzes, jede noch so kleine Abweichung von der vertrauten Position wird oft als Verrat an der Kreuzesbotschaft verstanden. Wer die klassische Deutung des Kreuzesgeschehens überdenken möchte oder Anfragen an seine zentrale Bedeutung hat, scheint den Boden der Rechtgläubigkeit zu verlassen. Dabei können immer weniger Christen etwas mit der klassischen Vorstellung anfangen, dass ein zorniger Gott ein unschuldiges Opfer braucht, um sich mit den Menschen versöhnen und ihnen vergeben zu können. Offensichtlich darf man über periphere Themen des Christentums durchaus diskutieren, aber wenn es um das Kreuz geht, hört der Spaß auf. Gerne wird dann Paulus zitiert, um deutlich zu machen, dass jede kritische Anfrage an das eigene Kreuzesverständnis durch die geschieht, die die Torheit des Kreuzes nicht ertragen können: *»Die Botschaft vom Kreuz ist nämlich für die, die ins Verderben gehen, eine Dummheit, aber für uns, die gerettet werden, ist sie Gottes Kraft.«* (1. Korinther 1,18 NeÜ) Aber vielleicht ist nicht das Kreuz selbst die Torheit, sondern vielleicht steckt dahinter tatsächlich eine törichte Deutung dessen, was vor 2.000 Jahren am Kreuz mit Jesus geschah?

Immer wieder wurde mir auf meiner Glaubensreise gesagt, dass das Kreuz der Dreh- und Angelpunkt, die Mitte und das Fundament meines Glaubens und meiner Gottesbeziehung sei. Aber besonders in den letzten Jahren musste ich feststellen, dass die damit verbundene Deutung des Kreuzes teilweise im Widerspruch zu dem stand, was ich im Neuen Testament über das Wesen Gottes wahrgenommen habe. Mir ist aufgefallen, dass es im Neuen Testament und in der Kirchengeschichte nicht nur eine einzige Deutung des Kreuzesgeschehens gibt. Genauso verhält es sich mit der Betonung des Kreuzes als Zentrum des Glaubens. Das irdische Leben Jesu, seine Auferstehung und sein Kommen im Geist sind genauso wichtig wie seine Kreuzigung. Die Kreuzigung ist bedeutungslos ohne die Auferstehung. Denn gekreuzigt wurden zur Zeit der römischen Besatzung Tausende von Juden. Erst die Auferstehung macht Jesu Kreuzigung zu einem besonderen Ereignis. Die Kreuzigung ist ohne den Blick auf das Leben Jesu ebenfalls bedeutungslos. Erst sein Leben in Sanftmut, Demut, Gewaltlosigkeit und Liebe machen seine Kreuzigung zum abscheulichen Verbrechen an einem Unschuldigen.

Ich möchte in diesem Kapitel auf verschiedene Deutungsmuster des Kreuzes eingehen, wie wir sie im Neuen Testament und in der Kirchengeschichte vorfinden. Für mich sind diese unterschiedlichen Deutungen der theologische Versuch, sich dem Mysterium des Kreuzes zu nähern. Man spürt in den Schriften des Neuen Testaments und in den Überlegungen der Kirchengeschichte, dass ein intensives Ringen um die Bedeutung des Kreuzes stattfindet. Es war offensichtlich nicht so einfach, dieses ungeheure Gesche-

Man spürt in den Schriften des Neuen Testaments und in den Überlegungen der Kirchengeschichte, dass ein intensives Ringen um die Bedeutung des Kreuzes stattfindet.

hen – die Hinrichtung von Gottes Sohn – theologisch und heilsgeschichtlich richtig einzuordnen.

Wie zentral ist das Kreuz?

Interessanterweise finden wir in den vier Evangelien kaum eine Deutung des Kreuzestodes Jesu. Jesus spricht mehrmals über die Absicht der Hohenpriester und Gesetzeslehrer, ihn an die Römer auszuliefern, foltern und töten zu lassen.[19] Aber an keiner dieser Stellen findet sich eine heilsgeschichtliche Deutung seines Todes. Einzig beim Abendmahl sagt er, dass durch seinen Tod Vergebung der Sünden stattfindet (Matthäus) und ein neuer Bund mit Gott besiegelt wird (Markus und Lukas). Jesus vergleicht sich dadurch mit dem alttestamentlichen Passalamm. Das spätere *»gestorben für unsere Sünden«*[20] des Paulus findet sich bei Jesus noch nicht.

Das Wort Kreuz kommt kein einziges Mal in der Apostelgeschichte vor!

Geht man einen Schritt weiter in die Apostelgeschichte, so wird dieser Befund noch deutlicher. Das Wort Kreuz (griech. Σταυρός/stauros) kommt kein einziges Mal in der Apostelgeschichte vor! Es finden sich in der Apostelgeschichte mindestens 14 Texte, in denen in irgendeiner Form verkündigt, gepredigt oder das Evangelium erklärt wird. Aber kein einziges Mal

---

19 Matthäus 20,18 f. NeÜ: *»Passt auf, wenn wir jetzt nach Jerusalem kommen, wird der Menschensohn an die Hohen Priester und die Gesetzeslehrer ausgeliefert. Die werden ihn zum Tod verurteilen und den Fremden übergeben, die Gott nicht kennen. Diese werden ihren Spott mit ihm treiben, ihn auspeitschen und töten. Aber am dritten Tag wird er wieder auferstehen.«*

20 1. Korinther 15,3 f. NeÜ: *»Ich habe euch in erster Linie das weitergegeben, was ich auch empfangen habe: Christus ist für unsere Sünden gestorben, wie es die Schriften gesagt haben. Er wurde begraben und am dritten Tag auferweckt, wie es die Schriften gesagt haben.«*

wird das Wort »Kreuz« erwähnt![21] Wenn das Kreuz der Dreh- und Angelpunkt aller Verkündigung und allen Glaubens ist, warum haben die Apostel es nicht für nötig gefunden, in ihrer Verkündigung immer wieder darüber zu sprechen? Offensichtlich hatte sich in der frühen Kirche noch keine besondere Deutung des Kreuzes herausgebildet außer der Tatsache, dass Jesus getötet wurde und auferstand. Wenn in der Apostelgeschichte über den Tod und die Kreuzigung Jesu gesprochen wird, dann nur in dem Sinne, dass die Hohenpriester und Römer verantwortlich waren für die Hinrichtung Jesu.[22] Dagegen spielt die

---

21 Wen all diese Verkündigungstexte der Apostelgeschichte interessieren, der findet eine Zusammenstellung davon auf meiner Webseite: https://movecast.de/wie-zentral-ist-das-kreuz-erkenntnisse-aus-der-verkuendigung-der-ersten-christen/

22 Insgesamt fünfmal wird in der Apostelgeschichte auf die Kreuzigung Jesu Bezug genommen. Dabei wird dreimal das Verb »kreuzigen« und zweimal das Substantiv »Holz« verwendet. Das eigentliche Wort »Kreuz« wird nie in der Apostelgeschichte verwendet:

Apostelgeschichte 2,23 NeÜ: »*Und diesen Mann habt ihr durch Menschen, die nichts vom Gesetz wissen, ans Kreuz nageln und töten lassen. Allerdings war es so von Gott beschlossen und vorherbestimmt.*« (griech. προσπήγνυμι, 1x im NT = gekreuzigt im Sinne von anheften)

Apostelgeschichte 2,36 NeÜ: »*Ganz Israel soll nun mit Sicherheit wissen: Diesen Jesus, den ihr gekreuzigt habt, den hat Gott zum Herrn und zum Messias gemacht.*« (griech. Σταυρόω/kreuzigen)

Apostelgeschichte 4,10 NeÜ: »*Ihr sollt es wissen und das ganze Volk Israel auch: Es geschah im Namen von Jesus, dem Messias aus Nazaret, im Namen dessen, den ihr gekreuzigt habt, den Gott aber wieder aus den Toten auferstehen ließ. In der Kraft seines Namens steht dieser Mann hier gesund vor euch.*« (griech. Σταυρόω/kreuzigen)

Apostelgeschichte 10,39 NeÜ: »*Wir sind Zeugen für alles, was er im ganzen jüdischen Land und in Jerusalem getan hat. Dann haben sie ihn ans Holz gehängt und getötet.*« (griech. Ξύλον/Holz)

Apostelgeschichte 13,29 NeÜ: »*Nachdem sie dann alles ausgeführt hatten, was über ihn geschrieben steht, nahmen sie ihn vom Holz herunter und legten ihn in ein Grab.*« (griech. Ξύλον/Holz)

Auferstehung in der Apostelgeschichte eine zentrale Rolle. In der Auferstehung stellt sich Gott zu diesem Rabbi aus Nazareth, und somit wird Jesus als Messias, als Christus, Retter und Sohn Gottes bestätigt: »*Ganz Israel soll nun mit Sicherheit wissen: Diesen Jesus, den ihr gekreuzigt habt, den hat Gott zum Herrn und zum Messias gemacht.*« (Apostelgeschichte 2,36 NeÜ) Gekreuzigt wurden viele, aber auferstanden ist nur einer!

In den Briefen des Neuen Testaments entstehen erste Deutungen dieses Kreuzestodes. Und diese Deutungen sind keineswegs einheitlich. Unterschiedliche Bilder, Vergleiche und Erklärungen werden gewählt, um dem Geheimnis des Todes Jesu auf die Spur zu kommen. Die Apostel ringen darum, den Gläubigen zu erklären, warum Jesus sterben musste, und welche Bedeutung das für ihr Heil und ihre Beziehung zu Gott hat.

Kreuzigung als Hinrichtungsart

Die Kreuzigung war zur Zeit des Neuen Testaments gleichzeitig grausam und alltäglich. Sie war die Strafe für die Niedrigen, Rechtlosen und Sklaven. Sie wurde als schrecklichste aller Strafen bezeichnet und darum durften nur Nichtrömer gekreuzigt werden. Manchmal wurden Hunderte aus den eroberten Gebieten auf einen Schlag gekreuzigt. Es gab Orte, an denen man nicht mehr kreuzigen konnte, weil schlichtweg kein Platz und kein Holz mehr für die vielen Kreuze vorhanden waren.[23] Auch Jesus von Nazareth wurde von den Römern gekreuzigt. Anlass für seine Hinrichtung waren die Ängste der jüdischen Obrig-

23 So geschehen bei der Belagerung Jerusalems durch Titus. Josephus berichtet: »*Die Soldaten nagelten nun in ihrer gewaltigen Erbitterung die Gefangenen zum Hohn in den verschiedensten Körperlagen an, und da ihrer gar so viele waren, gebrach es bald an Raum für die Kreuze und an Kreuzen für die Leiber.*«

keit. Sie sahen in ihm einen Verführer und Ketzer, der dem jüdischen Glauben schadete. Und so stellten sie Jesus vor ihr jüdisches Gericht, den sogenannten Hohen Rat (Synedrium) und verurteilten ihn wegen Gotteslästerung zum Tode. Schließlich behauptete Jesus, der Sohn Gottes zu sein. Allerdings durften Juden in Judäa keine Todesurteile vollstrecken, denn das lag in der Macht der römischen Besatzung. Darum brachten sie Jesus zum Statthalter Pontius Pilatus und behaupteten, er würde das Volk aufwiegeln und sich als ihr König ausgeben. Das war der Tatbestand des Hochverrats. Wegen Gotteslästerung hätte Pilatus wohl niemanden zum Tode verurteilt. Die religiösen Streitigkeiten und Spitzfindigkeiten waren ihm eher gleichgültig, aber bei Aufruhr und Hochverrat war das etwas anderes. Pilatus konnte nicht dulden, dass sich jemand eigenmächtig zum König ausrief und den Frieden störte. Hier stand er in der Pflicht des römischen Kaisers, für die notwendige Unterordnung zu sorgen. Der Hinrichtungsgrund wurde üblicherweise auf ein Schild geschrieben und ebenfalls ans Kreuz geschlagen. Bei Jesus lautete die Anklageschrift beziehungsweise Urteilsbegründung folgendermaßen: *»Pilatus ließ ein Schild am Kreuz anbringen, das die Aufschrift trug: »Jesus von Nazaret, König der Juden.«* (Johannes 19,19 NGÜ).

Bis dahin ist die Kreuzigung Jesu erst einmal ein historisches Ereignis. Ein Jude wird wie viele vor und nach ihm von den Römern wegen Hochverrats oder Aufruhr hingerichtet. Für die Jünger Jesu war das eine ganz andere Geschichte und viel mehr als eine tragische Hinrichtung. Für sie wurde der Sohn Gottes getötet. Am Kreuz vollzog sich damit ein Gottesmord! Am Kreuz wurde der Messias und Retter der Welt ermordet. Und nachdem es zur Auferstehung und zur Sendung des Heiligen Geistes gekommen war, stand für die Jünger ein für alle Mal fest, dass an diesem Kreuz etwas Besonderes geschehen war. Da ereignete sich mehr als die Hinrichtung eines Unschuldigen. So haben die Jünger versucht, diesen Tod am Kreuz irgendwie zu deuten und zu erklären. Ihre Erklärungen und Bilder sind Versuche, einzufangen, was sich am Kreuz ereignet hat. Man liegt falsch, wenn man die Bilder, die nun entwickelt wurden, eins zu eins übertragen wollte, damit jedes Detail stimmig ist. Mit den Bildern und Deutungen aus der Bibel zum Kreuz sollen die groben Züge beschrieben und nicht die Details ausgearbeitet werden. Sie alle beinhalten Teilaspekte der großen Weisheit des Kreuzes. Es sind Meilensteine auf dem Weg, die Wirkung und Kraft des Kreuzes zu erklären.

Im Folgenden möchte ich diese unterschiedlichen Deutungsmuster in aller Kürze darstellen.

Neutestamentliche Deutungen des Todes Jesu am Kreuz

1. Jesus als Märtyrer und Opfer menschlicher Ungerechtigkeit

Bei dieser Sichtweise ist die Kreuzigung Jesu zunächst einmal das Tun böswilliger Menschen, die einen unschuldigen und gerechten Mann hingerichtet haben. Jesus wird das Opfer menschlicher Gewalt, Niedertracht und Ungerechtigkeit. Auf Englisch könnte man sagen: Jesus war »victim« (im Gegensatz zu »sacrifice«)[24]. Am Kreuz wird Jesus zum Märtyrer. Er wird für seine Überzeugungen und seinen Glauben mit Folter und Tod bestraft. Aber durch die Auferweckung werden seine Botschaft, sein Leben, Handeln, Glaube und seine Lehre von Gott selbst gerechtfertigt und rehabilitiert. Vor allem in der Apostel-

24 *Victim* ist das Opfer im Sinne von »Opfer einer Gewalttat, eines Unfalls oder einer Katastrophe«. *Sacrifice* ist das, was man opfert; ein Opfer, das gebracht wird.

geschichte wird diese Deutung von Kreuz und Auferstehung immer wieder angeführt:

- *»Diesen Jesus habt ihr an Pilatus ausgeliefert. Ihr habt ihn preisgegeben, obwohl Pilatus schon entschieden hatte, ihn freizulassen. Von dem Heiligen und Gerechten habt ihr nichts wissen wollen und stattdessen die Freigabe eines Mörders verlangt. Den Urheber des Lebens aber habt ihr getötet. Das ist der, den Gott aus den Toten erweckt hat. Wir sind Zeugen davon.«* (Apostelgeschichte 3,13b–15 NeÜ)
- *»(Diese Heilung) geschah im Namen von Jesus, dem Messias aus Nazaret, im Namen dessen, den ihr gekreuzigt habt, den Gott aber wieder aus den Toten auferstehen ließ.«* (Apostelgeschichte 4,10b NeÜ)
- *»Der Gott unserer Väter hat Jesus vom Tod auferweckt, den Jesus, den ihr an ein Holz gehängt und so umgebracht habt.«* (Apostelgeschichte 5,30 NeÜ)

Jesus ist also nicht das Opfer (sacrifice) göttlichen Handelns oder göttlicher Gerechtigkeit, sondern er ist das Opfer (victim) menschlichen Handelns und menschlicher Ungerechtigkeit. Gott hat Jesus weder verworfen noch im Stich gelassen – das taten Menschen. Gott hat sich mit der Auferweckung vielmehr zu Jesus gestellt und ihm Recht gegeben. Damit erscheint das Kreuz nicht länger als das Scheitern Jesu, sondern als konsequente Vollendung des Lebens und Weges Jesu. Nicht Jesus ist der Irrlehrer und Gotteslästerer, sondern die Menschen, die ihn verfolgt und gekreuzigt haben, sind dem Irrtum und der Lüge verfallen.

Gleichzeitig haben der gewaltsame Tod und das Martyrium Jesu noch eine andere Auswirkung: Indem Jesus Opfer menschlicher Ungerechtigkeit und Bosheit wird, solidarisiert er sich mit all denen, die vor ihm oder nach ihm Opfer menschlicher

Ungerechtigkeit werden – mit all den Schwachen, Gebrochenen, Ausgestoßenen und zu Unrecht Angeklagten. Am Kreuz erleben wir nicht den triumphalen und erhabenen Gott, sondern den Gott, der beschämt, nackt ausgezogen, verlacht und verspottet wird – den Gott, der mitleidet. Und damit kommt er allen Menschen ganz nahe, die das gleiche Schicksal erleiden müssen. Gottes Solidarität mit seinen Geschöpfen, insbesondere mit den Menschen, geht so weit, dass er nicht nur irdisches Leben teilt, sondern bis zur äußersten menschlichen Erfahrung mitgeht, der grausamsten und schändlichsten Form des Sterbens: dem Tod am Kreuz. Genau das formuliert Paulus, wenn er im Philipperbrief über die Menschwerdung Jesu schreibt: »*Obwohl er in jeder Hinsicht Gott gleich war, hielt er nicht selbstsüchtig daran fest, wie Gott zu sein. Er verzichtete auf alle seine Vorrechte und stellte sich auf dieselbe Stufe wie ein Diener. Er wurde einer von uns – ein Mensch wie andere Menschen. Aber er erniedrigte sich selbst noch tiefer und war Gott gehorsam bis zum Tod, ja, bis zum schändlichen Tod am Kreuz.*« (Philipper 2,6-8 HfA)

Indem Jesus Opfer menschlicher Ungerechtigkeit und Bosheit wird, solidarisiert er sich mit all denen, die vor ihm oder nach ihm Opfer menschlicher Ungerechtigkeit werden.

2. Jesu Tod als Lösegeld

Ein anderes Bild, das die ersten Christen mit dem Kreuz verbunden haben, war das Bild von Lösegeld und Freikauf. Die Zeit Jesu war dominiert vom Thema Sklaverei. Die Römer unterwarfen und versklavten massenhaft Stämme und Völker. In vielen römischen Städten lebten Tausende von Sklaven. Die einzige Chance, aus dieser Sklaverei und Gefangenschaft herauszukommen, war ein Freikauf durch Lösegeld, einen hohen Betrag, durch den man Sklaven ausgelöst und freigekauft hat.

Das Neue Testament greift dieses Bild der Sklaverei auf, um den Zustand der Menschen zu verdeutlichen. Folgende Umstände werden als Sklavenhalter bezeichnet:

- Die Sünde, die Menschen beherrscht, und deren Willen sie tun müssen.
- Der Feind, der Böse, der Teufel, der die Menschen in der Hand hat, und dessen Reich und Willen sie durch ihr Tun und Denken unterstützen und verstärken.
- Der Tod, der unser irdisches Dasein vernichtet, und der zwangsläufiges Schicksal eines jeden Menschen ist.

Im Neuen Testament wird Jesu Tod am Kreuz als dieses Lösegeld, als diese hohe Summe verstanden, mit der die Menschen von Sünde, Tod und Teufel freigekauft wurden. Jesus sagt: *»Denn auch der Menschensohn ist nicht gekommen, um sich dienen zu lassen, sondern um zu dienen und sein Leben als Lösegeld für viele hinzugeben.«* (Markus 10,45 NGÜ)

Paulus kann sagen: *»Gott hat euch freigekauft, damit ihr ihm gehört; lebt deshalb so, dass ihr mit eurem Körper Gott Ehre bereitet.«* (1. Korinther 6,20 HfA) An Timotheus schreibt er: *»Er (Jesus) hat sein Leben als Lösegeld für alle gegeben und hat damit zu der von Gott bestimmten Zeit den Beweis erbracht, dass Gott alle retten will.«* (1. Timotheus 2,6 NGÜ)

Paulus kann sagen: *»Gott hat euch freigekauft, damit ihr ihm gehört; lebt deshalb so, dass ihr mit eurem Körper Gott Ehre bereitet.«*

Das Leben Jesu, das ihm am Kreuz von der Sünde der Menschen, der Bosheit des Teufels und der Gewalt des Todes genommen wird, wandelt sich paradoxerweise zum Lösegeld, durch das die Menschen aus der Versklavung derselben Mächte freigekauft werden. Was die ersten Christen damit aussagen wollten, war, dass der Tod Jesu solch eine mächtige Wirkung im

Gefüge der sichtbaren und unsichtbaren Welt hatte, dass sie dadurch nicht länger den Sklavenhaltern Sünde, Teufel oder Tod gehörten und ausgeliefert waren. Am Kreuz besiegte Jesus diese Mächte und befreite die Menschen dadurch aus ihrer Gewalt.

3. Jesus am Kreuz als bronzene Schlange

Eine etwas unbekanntere Deutung des Kreuzes stammt von Jesus selbst. Über seinen Tod sagt er: »*Du weißt doch, wie Mose in der Wüste eine Schlange aus Bronze an einer Stange aufrichtete, damit jeder, der sie ansah, am Leben blieb. Genauso muss auch der Menschensohn erhöht werden, damit jeder, der glaubt, durch ihn das ewige Leben hat.*« (Johannes 3,14–15 HfA)[25] Jesus macht deutlich, dass seine Erhöhung, also Kreuzigung, vergleichbar ist mit dem Aufrichten der bronzenen Schlange durch Mose. In der entsprechenden alttestamentlichen Geschichte wird beschrieben, wie das Volk Israel auf seiner Wüstenwanderung wegen seiner Starrköpfigkeit und seines Ungehorsams von einer Schlangenplage heimgesucht wurde und viele Menschen an den giftigen Bissen starben. Mose schrie in seiner Verzweiflung zu Gott, er möge sie erretten, woraufhin Gott Folgendes anordnete: »*Fertige eine Schlange an und befestige sie oben an einer Stange. Jeder, der sie anschaut, nachdem er gebissen wurde, wird am Leben bleiben.*« (4. Mose 21,8 f. NLB) Die Schlange ist also die Heilung und damit Rettung aus Todesgefahr. Wer sie anschaut, bleibt am Leben. Jesus benutzt diese Metapher, um zu erklären, was am Kreuz

25 »Erhöht werden« als Umschreibung der Kreuzigung wird besonders durch eine andere Stelle deutlich: »*›Und wenn ich von der Erde erhöht worden bin, werde ich alle zu mir ziehen.‹ Mit diesen Worten deutete Jesus an, auf welche Weise er sterben würde. Die Menge hielt ihm entgegen: ›Wir lesen in der Schrift, dass der Messias für immer bleiben wird. Wie kannst du da behaupten, der Menschensohn müsse erhöht werden?‹* (Johannes 12,32–34 NeÜ)

geschieht: Wie das Anschauen der aufgerichteten Schlange jeden errettete, der dem Tode geweiht war, so errettet der aufgerichtete Messias jeden, der ihn anschaut und ihm vertraut, vor der Verdammnis und schenkt ihm ewiges Leben.

4. *Jesus als Verfluchter*

Einen weiteren Deutungsversuch des Kreuzes unternimmt Paulus im Galaterbrief. Die Art und Weise, wie ein Mensch im Judentum hingerichtet wurde, hatte theologische Implikationen. In der rabbinischen Literatur des Altertums finden sich vier Hinrichtungsarten, die die jüdische Gerichtsbarkeit vollziehen konnte: Steinigung, Verbrennung, Enthauptung und Erdrosselung.[26]

Die Steinigung galt als härteste Todesstrafe, gefolgt von Verbrennen, Enthaupten und Erdrosseln. Die Art der Vollstreckung dieser Strafen wird in der Mischna ausführlich beschrieben. Unter den jüdischen Todesstrafen findet sich die qualvolle Kreuzigung nicht. Die Hinrichtung Jesu war also ein Sonderfall. Erst die Römer scheinen diese Hinrichtungsart in Palästina eingeführt zu haben. Nach einem Vers im 5. Buch Mose galt ein Mensch, der bei seiner Tötung aufgehängt wurde, sei es an einem Pfahl, einem Baum oder einem Kreuz, als von Gott verflucht.[27] Warum also ließ Gott seinen Sohn gerade durch eine Hinrichtungsart töten, die so eng mit dem Fluch Gottes verbunden war? Paulus hebt einen besonderen Heilsaspekt der Kreuzigung hervor: Nach alttestamentlicher Logik galt jeder

---

26 Aus dem Artikel »Todesstrafe« im »Wörterbuch des jüdischen Rechts«.

27 5. Mose 21,22–23: »*Wenn ihr jemanden für ein Verbrechen hinrichtet und seinen Leichnam an einem Pfahl oder Baum aufhängt, sollt ihr ihn nicht über Nacht dort lassen. Begrabt ihn auf jeden Fall noch am selben Tag! Denn wer so aufgehängt wurde, ist von Gott verflucht.*« (HfA)

Mensch, der dem Gesetz Gottes (also den Geboten der Tora) nicht treu war, als verflucht. Da aber kein Mensch in der Lage ist, das Gesetz zu halten, ist die gesamte Menschheit verflucht. Fluch bedeutet hier, unter den Folgen der Sünde zu stehen und damit auch unter dem Strafgericht Gottes. Paulus schreibt: *»Wer dagegen darauf vertraut, von Gott angenommen zu werden, weil er das Gesetz erfüllt, der steht unter einem Fluch. Die Heilige Schrift sagt: ›Verflucht ist, wer sich nicht an dieses ganze Gesetz hält und danach lebt!‹«* (Galater 3,10 HfA)

Im Gegensatz zu diesem Fluch des Gesetzes steht der Segen Abrahams, den Gott allen Menschen schenken möchte. Das Gesetz als Weg zur Gerechtigkeit hat versagt. Es ist nun der Glaube, der zum Leben führt. Wie können Menschen aber von diesem Fluch des Gesetzes, unter dem sie wegen ihres Ungehorsams nun einmal stehen, befreit werden? Hier spielt die Kreuzigung Jesu die entscheidende Rolle: Durch die verfluchte Kreuzigung nimmt Jesus den Fluch des Gesetzes auf sich, um die Menschen davon zu befreien. Paulus schreibt: *»Christus hat uns losgekauft von dem Fluch des Gesetzes, indem er ein Fluch für uns geworden ist – denn es steht geschrieben: ›Verflucht ist jeder, der am Holz hängt!‹«* (Galater 3,13 ELB) Der Fluch der Kreuzigung wird zur Befreiung der Menschen von ihrem eigenen Fluch. Somit steht dem Segen Abrahams über alle Menschen nichts mehr im Wege.

Durch die verfluchte Kreuzigung nimmt Jesus den Fluch des Gesetzes auf sich, um die Menschen davon zu befreien.

Für die nachfolgenden Deutungen des Kreuzes muss man ein wenig in das jüdische Opfersystem einsteigen. Als Johannes der Täufer Jesus begegnet, sagt er: *»Seht hin! Dieser ist das Lamm Gottes!«* (Johannes 1,36b NLB) Mit dem Lamm Gottes oder einem Lamm, das sein Blut vergossen hat, klingen verschiedene biblische Vorstellungen an, die wir genauer anschauen wollen. Opfertiere spielten eine wichtige Rolle in der jüdischen Gottesverehrung und Gottesbeziehung. Schafe und Lämmer eigneten sich in besonderer Weise für die regelmäßigen Opferhandlungen. Im Neuen Testament finden sich mindestens drei verschiedene Opfervorstellungen, die zu Erklärungsmodellen für den Tod Jesu am Kreuz geworden sind.

5. Jesus als Sühneopfer

Wenn jemand im Alten Testament eine Sünde begangen hatte, brachte er Gott ein Sühneopfer dar: »*Wenn also jemand in einem dieser Fälle schuldig wird, soll er bekennen, wodurch er gesündigt hat. Er muss Jahwe ein Schuldopfer für die begangene Sünde bringen, ein weibliches Tier vom Kleinvieh, ein Schaf oder eine Ziege. So soll der Priester Sühne für ihn erwirken.*« (3. Mose 5,5–6 NeÜ)

Sünde wurde als Verunreinigung verstanden, die zur Beziehung oder Begegnung mit Gott unfähig macht. Sünde als Kontaminierung. Danach war die Reinigung nötig, eine Dekontamination von dieser Sünde, die wie eine giftige Substanz an uns klebt. Das Blut des Opfertieres hat symbolische Reinigungswirkung und wäscht sozusagen die Unreinheit und Sünde der Menschen ab. Blut ist im Alten Testament ein besonderer Saft: Im Blut ist das Leben, und es scheint das Mittel der Wahl zu sein, um diese Entsühnung und Dekontamination zu vollziehen. »*Denn das Leben des Körpers ist in seinem Blut. Ich habe bestimmt, dass es auf den Altar gegeben wird, um Sühne für euch zu erwirken. Denn das Blut bewirkt Sühne durch das Leben darin.*« (3. Mose 17,11 NeÜ) Wichtig bei der Sühne war, dass es sich um das Blut eines fehlerlosen Opfertiers handelte, also ein Tier ohne sichtbare körperliche Mängel. Und in diesem Sinne ist der Tod Jesu wie die Opferung eines Sühneopfers. Ein Ritual der Reinigung und der Vergebung.

Diese fünfte Deutung des Kreuzes will damit aussagen, dass Jesus mit seinem Blut wie ein alttestamentliches Sühneopfer die Vergebung der Schuld und die Reinigung von den Sünden bewirkt. Wir alle sind durch Sünde verschmutzt und eingeschränkt und werden durch Jesu Blut dekontaminiert und rein. Folgende Stellen sollen das verdeutlichen:

- *»Christus opferte auch nicht das Blut von Böcken und Kälbern für unsere Sünden. Vielmehr opferte er im Allerheiligsten sein eigenes Blut ein für alle Mal. Damit hat er uns für immer und ewig von unserer Schuld vor Gott befreit. Denn wenn schon das Blut von Böcken und Stieren ... die Unreinen heiligt, sodass sie leiblich rein sind, um wie viel mehr wird dann das Blut Christi, der sich selbst als Opfer ohne Fehl durch den ewigen Geist Gott dargebracht hat, unser Gewissen reinigen von den toten Werken, zu dienen dem lebendigen Gott!«* (Hebräer 9,12–14 HfA)
- *»Ihr wisst ja, dass ihr nicht mit vergänglichen Dingen wie Silber oder Gold aus dem sinnlosen Leben freigekauft worden seid, ... sondern mit dem kostbaren Blut eines reinen, makellosen Opferlammes, dem Blut von Christus.«* (1. Petrus 1,18 NeÜ)
- *»Und das Blut seines Sohnes Jesus macht uns von jeder Sünde rein.«* (1. Johannes 1,7b HfA)

6. Jesus als Passalamm

Eine weitere Vorstellung, die bei dem Ausdruck »Lamm Gottes« mitschwingt, ist die Idee des Passalamms. Als die Israeliten Sklaven in Ägypten waren, wollte Gott sie befreien und das Gericht über Ägypten bringen. Jedem Haushalt in Ägypten drohte der Tod des erstgeborenen Sohnes durch einen Racheengel. Indem die Juden aber ein makelloses Lamm schlachteten und mit dessen Blut ihren Türrahmen bestrichen, wurden sie vom Todesengel verschont. Dieses Geschehen wird nun als Bild auf Jesus übertragen. Sein Tod als makelloser Mensch bewahrt all diejenigen, die ihm vertrauen, vor dem Gericht Gottes und dem ewigen Tod. Paulus drückt das so aus: *»Ihr seid rein, weil Jesus Christus als unser Passahlamm geopfert wurde.«* (1. Korinther 5,7b HfA) Beim Passalamm war es wichtig, dass ihm bei der Schlachtung oder späteren Zubereitung kein Knochen zerbrochen wurde. Das ist wiederum für die Kreuzigung bedeutsam, denn normalerweise wurden einem Gekreuzigten irgendwann die Schienbeine gebrochen, damit sich der Delinquent nicht länger abstützen konnte und somit schneller den Tod fand. Das wurde bei Jesus allerdings nicht getan. Als die römischen Soldaten kamen, um den Gekreuzigten die Beine zu brechen, war Jesus bereits tot. Das veranlasst Johannes zu schreiben: *»Diese Dinge sind geschehen, weil sich erfüllen sollte, was in der Schrift vorausgesagt ist: ›Es wird ihm kein Knochen gebrochen werden.‹«* (Johannes 19,36 NGÜ) Indem Jesus kein Bein gebrochen wurde, erfüllt sich in ihm die Idee des Passalammes, dem auch kein Knochen gebrochen werden durfte.

Jesus selbst feiert mit seinen Jüngern kurz vor seiner Hinrichtung genau dieses jüdische Passafest. Er nutzt diese Feier, um durch den Wein an das Blut des Passalammes zu erinnern und in diesem Blut den Bund der Vergebung und Versöhnung mit Gott deutlich zu machen. Das vergossene Blut des Passalammes wird zu seinem vergossenen Blut. So wie die Menschen unter Mose durch das Passa in die Freiheit geführt wurden und Gottes Schutz erlebten, so beginnt nun ein neuer Bund durch Jesus als Passalamm, bei dem wir ebenfalls in die Freiheit geführt werden und unter Gottes Schutz stehen.

7. Jesus als Sündenbock

Einen weiteren Opfertiervergleich bringt wiederum Johannes der Täufer ins Spiel, wenn er über Jesus sagt: *»Seht, hier ist das Opferlamm Gottes, das die Sünde der ganzen Welt wegnimmt!«* (Johannes 1,29 NGÜ) Hinter diesem »Wegnehmen« oder »Wegtragen« der Sünde steckt höchstwahrscheinlich die Idee vom jüdischen Versöhnungstag, dem Jom Kippur. Dieses jährliche Versöhnungsfest wird in 3. Mose 16 angeordnet. Der Hohepriester Aaron musste zwei Ziegenböcke auswählen, beide makellos und ohne Fehler. Der eine Ziegenbock wurde wie ein Sühneopfer (Deutung 5) geschlachtet und mit seinem Blut wurden Tempel, Altar und das Volk gereinigt und geheiligt. Mit dem anderen Ziegenbock geschah Folgendes: *»Wenn Aaron das Allerheiligste und das Heiligtum sowie den Altar gereinigt hat, holt er den zweiten Ziegenbock, legt die Hände auf seinen Kopf und bekennt alle Vergehen und alle Schuld des Volkes. So lädt er die Sünden der Israeliten auf den Kopf des Ziegenbocks und lässt ihn durch einen Mann, den er dazu bestimmt hat, in die Wüste treiben. Der Ziegenbock trägt alle Schuld mit sich hinaus in die Wüste.«* (3.Mose 16,20–22 HfA)

Dieser zweite Ziegenbock fungiert als Sündenbock, indem er die Schuld und die Sünde des Volkes in die Wüste hinwegträgt und sie somit von ihrer Schuld befreit. Aber im Gegensatz zum Sühneopfer wird hier die Reinigung nicht durch Blut, sondern durch das stellvertretende Entfernen und Wegtragen der Sünde vollzogen. Genau in diesem Sinne ist nun Jesus dieser Ziegenbock, der die Sünde der ganzen Welt hinwegträgt und sie somit von ihrer Schuld befreit. So schreibt zum Beispiel der Apostel Johannes: *»Und ihr wisst, dass Jesus in dieser Welt erschienen ist, um die Sünden der Menschen wegzunehmen, und dass er selbst ohne jede Sünde ist.«* (1. Johannes 3,5 NGÜ) Und vom Propheten Jesaja wird angekündigt: *»Wir alle irrten umher wie Schafe, die sich verlaufen haben; jeder ging seinen eigenen Weg. Der HERR aber lud alle unsere Schuld auf ihn.«* (Jesaja 53,6 HfA)

Wie beim Ziegenbock des Jom-Kippur-Festes werden Jesus die Sünden der gesamten Menschheit aufgeladen, und er trägt sie hinweg und macht uns damit rein und frei.

Deutungsprobleme

Die Versöhnungs-, Vergebungs-, Befreiungs- und Reinigungskraft des Kreuzes wird von den neutestamentlichen Autoren mit verschiedenen Ritualen im Alten Testament verglichen:

1. Mit dem regelmäßigen **Sühneopfer**, bei dem das Blut eines unschuldigen Opfertieres zur Reinigung der Menschen dient, damit Gott wieder unter ihnen wohnen kann.
2. Mit dem **Passalamm**, bei dem das Blut dieses Lammes die Israeliten schützt und bewahrt vor Strafgericht und Tod.
3. Mit dem **Sündenbock** des großen Versöhnungstages, auf den die Schuld des ganzen Volkes geladen wird, und der diese Schuld davonträgt, damit ihnen die Schuld nun nicht mehr angerechnet werden kann.

Nun ist es aber so, dass alle drei Opfer-Vergleiche irgendwo hinken. Wenn man diese Bilder zu Ende denkt, stößt man auf Deutungsprobleme. Die Bilder tragen dadurch gewisse Unschärfen in sich.

Wenn man diese Bilder zu Ende denkt, stößt man auf Deutungsprobleme. Die Bilder tragen dadurch gewisse Unschärfen in sich.

Wenn man in Jesus das klassische Sühneopfer sieht, haben wir das Problem, dass die biblischen Sühneopfer regelmäßig, zum Teil täglich gebracht werden mussten. Weil die Israeliten jeden Tag sündigten, war auch regelmäßig die Reinigung mit Blut nötig, damit Gott auch weiterhin in der Mitte des Volkes wohnen konnte. Nun wurde Jesus aber nur einmal geopfert und nicht regelmäßig. Was passiert also mit den Sünden von morgen und übermorgen? Weil den neutestamentlichen Autoren selbst diese Unschärfen aufgefallen sind, haben sie das an anderen Stellen wieder korrigiert oder ergänzt. So lesen wir im Hebräerbrief ergänzend zur Idee des Sühneopfers: »*Nach den Bestimmungen des alten Bundes wird fast alles mit Blut gereinigt. Denn ohne Blut ist eine Vergebung der Schuld nicht möglich ... Christus brauchte sich nur ein einziges Mal zu opfern. Der Hohepriester dagegen muss jedes Jahr aufs Neue ins Allerheiligste gehen und Gott das Blut eines Tieres darbringen. Wie oft hätte Christus dann seit Beginn der Welt schon leiden müssen! Aber er ist jetzt, am Ende der Zeit, erschienen, um ein für alle Mal durch seinen Opfertod die Sünden zu tilgen.*« (Hebräer 9,22+25–26 HfA) Im Gegensatz zum Bild des Sühneopfers, das regelmäßig gebracht werden musste, reicht das Opfer Jesu ein für alle Mal aus und muss nie mehr wiederholt werden. Wie das funktioniert, dass plötzlich ein einziges Opfer ausreicht, und wie es kommt, dass das Opfer Jesu so viel mehr Gewicht hat als alle anderen Opfer, klärt der Text allerdings nicht.

Auch das Bild von Passalamm hat Unschärfen. Es geht bei der Geschichte vom Passalamm im Alten Testament nicht um die Vergebung von Sünden oder um Sühne, sondern um den Schutz vor dem Todesengel. Das Blut des Passalammes wurde nicht benutzt, um die Israeliten zu besprengen und von ihren Sünden zu reinigen, sondern um die Türpfosten zu bestreichen und damit dem Todesengel anzuzeigen, dass dieses Haus unter dem Schutz Gottes stand. Und trotzdem kann Jesus beim Passamahl (Abendmahl) sagen, dass sein Blut vergossen wird zur Vergebung der Sünden. Hier wird in das Bild des Passalamms etwas hineingelegt, was ursprünglich gar nicht bezweckt war.

Zu guter Letzt gibt es auch beim Bild mit dem Sündenbock Unschärfen. Jesus nahm durch seinen Tod am Kreuz die Sünden der Welt auf sich und trug sie damit hinweg. Nun wurde dieser Sündenbock, der die Sünden des Volkes trug, aber gerade nicht getötet und geopfert, sondern in die Wüste geschickt. Opfertiere mussten makellos und rein sein. Niemals hätten die Israeliten den Sündenbock opfern können, denn auf diesen wurden ja die Sünden des gesamten Volkes gelegt und damit war er unrein und als Opfer für Gott gänzlich ungeeignet. Jesus als Sündenbock hingegen wurde getötet.

- Jesus am Kreuz ist wie das regelmäßige Sühneopfer, obwohl er nur einmal geopfert wird.
- Jesus am Kreuz ist wie das Passalamm, obwohl dessen Blut nicht zur Sühne und Vergebung gedacht war.
- Und Jesus am Kreuz ist wie der Sündenbock, obwohl dieser gar nicht getötet oder geopfert wurde.

Diese Deutungsprobleme sind nicht schlimm. Die neutestamentlichen Autoren suchen nach bekannten und dem Volk vertrauten Bildern und Riten aus dem Alten Testament, um damit das einzufangen, was am Kreuz geschehen ist, und dabei geht es nicht um jedes Detail dieses Ritus, sondern um die große Idee: Am Kreuz vollziehen sich die Sühne, die Versöhnung und damit die Reinigung von unseren Sünden. Die durch die Sünde kontaminierte Menschheit wird am Kreuz dekontaminiert. Und diese Dekontamination geschieht durch Jesus, das Lamm Gottes

- wie durch das Blut eines Sühneopfers,
- wie durch das Schlachten eines Passalammes und
- wie durch den Sündenbock, der die Sünde hinwegträgt.

Dazu kommt, dass diese drei Opferbilder noch gar nicht die gesamte Bandbreite an Vorstellungen und Modellen zum Ausdruck bringen, die die neutestamentlichen Autoren in ihrer

Verkündigung oder ihren Briefen darstellen. Diese Vielfalt an Bildern und Modellen ist auch nicht verwunderlich. Natürlich haben die ersten Christen, die allesamt Juden waren, nicht aufgehört, die alttestamentlichen Schriften zu lesen. Im Lichte des Todes Jesu und seiner Auferstehung sind sie dort auf eine Vielzahl von Schätzen gestoßen, durch die sie dieses außerordentliche Geschehen deuten oder vergleichen konnten. Sie fanden überall aufschlussreiche Bilder: Stellvertretung, Opfer, Vergebung, Befreiung und vieles mehr. Und es war naheliegend, diese vertrauten Texte und Bilder nun auf den Tod Jesu zu beziehen und dadurch Jesu Tod am Kreuz mit diesen Schriften in ein enges Verhältnis zu bringen. Daraus resultiert die Bandbreite an Bildern, Modellen, Vergleichen und Beispielen, mit der die neutestamentlichen Autoren versuchten, das erlösende Handeln Gottes am Kreuz zu beschreiben.

Biblische Opferkritik

Auf eine weitere Problematik muss ich in diesem Zusammenhang noch hinweisen. Gerade die Bilder vom Opferlamm befeuern die Idee, dass Vergebung und Versöhnung ohne Opfer nicht möglich wären. Aber bereits im Alten Testament und vor allem in der Verkündigung Jesu wird deutlich, dass Opfer nicht das sind, was Gott möchte. Durch den Propheten Jesaja verkündigt Gott seinem Volk: *»›Warum bringt ihr mir so viele Opfer?‹, spricht der HERR. ›Ich bin eure Widder als Brandopfer und das Fett des Mastviehs leid. Mir gefällt das Blut eurer Opferstiere, Lämmer und Ziegenböcke nicht.‹«* (Jesaja 1,11 NLB) Und der Prophet Jeremia stellt klar: *»Als ich eure Vorfahren aus Ägypten führte, wollte ich keine Brandopfer und anderen Opfer von ihnen, sondern ich forderte: ›Gehorcht mir, dann werde ich euer Gott sein und ihr werdet mein Volk sein.‹«* (Jeremia 7,22 f. NLB) Am deutlichsten bringt es Hosea zum Ausdruck: »*Ich will, dass ihr barmherzig seid; eure Opfer will ich nicht. Mir geht es darum, dass ihr meinen Willen erkennt, und nicht darum, dass ihr mir Brandopfer bringt.*« (Hosea 6,6 NLB) Diese und andere Verse machen deutlich, dass Opfer nur eine Notlösung sind. Gott hat kein wirkliches Interesse an Opfern, geschlachteten Tieren und den religiösen Vorstellungen, die damit verbunden sind. Es geht ihm um Barmherzigkeit. Genau diese Stelle aus Hosea zitiert Jesus in seiner Verkündigung gleich zweimal.[28] Einmal werfen ihm die Pharisäer vor, sich mit Sündern und Zöllnern an einen Tisch zu setzen. An der anderen Stelle machen sie ihn dafür verantwortlich, dass seine Jünger das Sabbatgebot nicht einhalten. Mit dem Hosea-Zitat macht Jesus an beiden Stellen deutlich, dass ein Leben, das Gott gefällt und mit ihm im Reinen ist, nicht in der Erfüllung von Opferritualen besteht, sondern in einem Lebensstil der Barmherzigkeit. Der Weg Gottes ist einer der Barmherzigkeit, nicht einer der Opfer. Versöhnung mit Gott zeigt sich in einem barmherzigen Lebensstil, nicht in besonderen Opfern. Ist es angesichts dieser Überlegungen sinnvoll, das Kreuz als klassisches Opfergeschehen zu deuten? Wird am Kreuz tatsächlich das ultimative alttestamentliche Opfer dargebracht, sodass es keiner weiteren Opfer mehr bedarf? Bringt das Kreuz nicht vielmehr die Barmherzigkeit Gottes zum Ausdruck, die größer und wirksamer ist als jedes Opfer? Genau in diese Richtung geht meine persönliche Deutung des Kreuzes am Ende dieses Kapitels.

Bringt das Kreuz nicht vielmehr die Barmherzigkeit Gottes zum Ausdruck, die größer und wirksamer ist als jedes Opfer?

---

28 Matthäus 9,13; 12,7

Kirchengeschichtliche Deutungen des Todes Jesu am Kreuz

Nachdem wir uns sieben verschiedene neutestamentliche Deutungen des Todes Jesu am Kreuz angeschaut haben, möchte ich noch auf einige der bedeutendsten kirchengeschichtlichen Deutungen eingehen.[29]

1. Christus Victor

In der frühen Christenheit hat sich die sogenannte Christus-Victor[30]-Sicht als vorherrschende Deutung des Kreuzes durchgesetzt. Sie hat in den ersten Jahrhunderten der Kirchengeschichte das Denken der Kirche und vor allem der Theologie dominiert und ist eng verwandt mit der neutestamentlichen Deutung von Jesus als Lösegeld. Man kann sie vereinfacht folgendermaßen umreißen:

Die Menschen zur Zeit Jesu und auch in den Jahrhunderten danach waren geprägt von einer dualistischen Weltsicht. Mächtige Reiche lenkten das Weltgeschehen. Hinter diesen irdischen Königreichen mit all ihrer Dominanz, Unterdrückung, Versklavung, ihrem Imperialismus und ihrer Kriegsführung standen für sie himmlische Mächte. Die Juden waren überzeugt, dass hinter ihrer Fremdherrschaft der Fürst dieser Welt steht. Es gibt ein kosmisches Reich des Bösen, einen Gott dieser Welt, der einen kosmischen Krieg mit dem Herrn des Himmels und der Erde, dem Gott Israels, führt. Irdische Mächte sind nur

29 Eine Systematisierung der kirchengeschichtlichen Kreuzesdeutungen stammt vom schwedischen Theologen und Bischof Gustav Aulén. Er veröffentlichte sie unter dem Titel »Die drei Haupttypen des christlichen Versöhnungsgedankens«. Einen guten Überblick über die verschiedenen Versöhnungstheorien findet man auch in dem Buch »The Nature of the Atonement. – Four views« von James Beilby und Paul R. Eddy.

30 Christus ist Sieger

Handlanger und Instrumente dieses übergeordneten und satanischen Reichs des Bösen. So lesen wir zum Beispiel im Buch Daniel: »*Hab keine Angst, Daniel, ... wegen deiner Worte bin ich gekommen. Aber der Engelfürst des Perserreichs stellte sich mir entgegen und hielt mich einundzwanzig Tage lang auf. Doch dann kam mir Michael zu Hilfe, einer der höchsten Engelfürsten. Ihm konnte ich den Kampf gegen den Engelfürsten der Perser überlassen.*« (Daniel 10,12 f. HfA) Auch im Neuen Testament wird dieser Gedanke eines kosmischen Konfliktes immer wieder aufgegriffen. So sagt Paulus: »*Denn wir kämpfen nicht gegen Menschen, sondern gegen Mächte und Gewalten des Bösen, die über diese gottlose Welt herrschen und im Unsichtbaren ihr unheilvolles Wesen treiben.*« (Epheser 6,12 HfA)

Den Autoren des Neuen Testaments und dann auch den Theologen der Folgezeit ist klar, dass die Menschen nicht nur von irdischen Herrschern und Königreichen dominiert werden, sondern von einem kosmischen Reich des Bösen und der Sünde. Für Paulus ist Sünde daher nicht zuerst eine Sache von individueller Schuld, sondern eine Art autonome Macht, die ganze Völker gefangen hält. Menschen kann es nicht gelingen, durch ihre eigene Anstrengung diese Gewalt und diese Macht der Sünde zu überwinden und Gott gehorsam zu sein. Die einzige Chance ist, dass Gott selbst in die menschliche Geschichte eintritt, diese Macht der Sünde besiegt und uns aus der Gefangenschaft der kosmischen Mächte befreit. Bei der Christus-Victor-Sicht hat das Erlösungswerk Jesu vor allem eine kosmische Bedeutung. Erlösung ist nicht einfach das Überwinden meiner persönlichen Rebellion gegen Gott und die Vergebung meiner Sünden. Erlösung ist die Befreiung der gesamten Welt aus der Macht des Bösen. Aulén schreibt: Erlösung ist »*eine Kampf- und Siegestat. Gott bekämpft und besiegt in und durch Christus die Macht des Verderbens, die ‚Tyrannen', unter denen die Menschheit gefesselt ist, und versöhnt sich dadurch mit der Welt.«* Solange diese »Tyrannen« in der Welt herrschen, besteht eine Feindschaft zwischen Gott und Welt, werden sie aber besiegt, dann sind Gott und Welt versöhnt. *»Der Teufel verliert sein Recht, da er unrechtmäßig Christus angreift, er kann Christus nicht im Tode behalten, er wird von Christus überlistet, da er nicht sieht, dass in der Menschheit Christi die Gottheit verborgen ist.«*

Darum kann Jesus kurz vor seiner Hinrichtung sagen: *»Jetzt ist für diese Welt die Stunde des Gerichts gekommen; jetzt wird der Herrscher dieser Welt hinausgeworfen werden.«* (Johannes 12,31 NGÜ) Der Apostel Johannes fasst das gesamte Kommen Jesu mit folgendem Satz zusammen: *»Dazu ist der Sohn Gottes erschienen, dass er die Werke des Teufels zerstöre.«* (1. Johannes 3,8 NeÜ)

Nun gab es aber bei dieser Christus-Victor-Sicht ein Problem: Es blieb die Frage offen, wie genau dieses Besiegen des Bösen und der himmlischen Mächte vollzogen wurde. Wie wurden denn Satan und das Reich der Finsternis entmachtet? Wie genau hat der Tod Jesu am Kreuz und seine Auferstehung diese Entmachtung des Satans bewirkt? Denn trotz dieses kosmischen Sieges gibt es die Sünde, das Böse und den Teufel noch immer, sie sind nicht einfach vernichtet und abgeschafft. Erst in der Offenbarung wird dann geschildert, wie am Ende Sünde, Tod und Teufel in den feurigen Pfuhl geworfen und endgültig vernichtet werden. Auf diese und andere Fragen konnten die Kirchenväter und Theologen nur unzureichende Antworten geben.

Es blieb die Frage offen, wie genau dieses Besiegen des Bösen und der himmlischen Mächte vollzogen wurde.

2. Satisfaktionslehre

Diese offenen Fragen und Ungereimtheiten haben dazu geführt, dass eine neue Deutung des Kreuzes in den Vordergrund drängte. Deutlichster Vertreter dieser neuen Theorie war der englische Erzbischof Anselm von Canterbury (1033–1109). Im Jahr 1098 veröffentlichte er eine Schrift mit dem Namen »Warum Gott Mensch werden musste« (Cur Deus homo). Im Kern seiner Theorie steht die Vorstellung, dass durch die Sünde Gottes Ehre verletzt wird und er nun nach Satisfaktion, nach Genugtuung verlangt. Anselm war stark geprägt von der damaligen mittelalterlichen Feudalgesellschaft. In dieser Gesellschaftsform gab es einen Lehnsherren oder Feudalherren. Dieser sorgt sich um das Wohl seiner Untertanen und ist für ihren Schutz zuständig. Wenn nun die Gesetze dieses Herren zum Wohle und zum Schutz der Untertanen missachtet werden, dann ist das für ihn wie ein Schlag ins Gesicht. Werden seine Gesetze nicht eingehalten, ist das eine Respektlosigkeit. Man beschädigt oder beschmutzt dadurch seine Autorität, Würde und Ehre. Das übertrug Anselm auf den himmlischen Lehnsherrn Gott, der es gut mit den Menschen meint, für sie sorgen und sie schützen möchte. Wenn die Menschen nun Gottes gute Gebote übertreten, dann missachten sie ihn und beschmutzen seine Würde und Ehre. Sie misstrauen ihm und seinen guten Absichten. Wie damals in der Feudalgesellschaft üblich, wirft Gott den Menschen den Fehdehandschuh hin und verlangt Satisfaktion. Seine Ehre und sein Ansehen müssen wiederhergestellt werden. Aber die Wiederherstellung der Ehre Gottes kann nur ein Mensch vollziehen, der selbst nicht die Ehre Gottes in den Schmutz zieht durch seine eigene Schuld und Sünde. Nur ein gerechter und sündloser Mensch kann diese Genugtuung bei Gott vollbringen. Weil sich unter den Menschen kein sündloser Mensch findet, darum wäre Gott dazu gezwungen, die gesamte Menschheit zu verdammen, aber das kann Gott auch nicht tun, weil er ja der Lehnsherr ist, der sich verpflichtet hat, seine Untertanen zu schützen. Dieses Dilemma zwischen Genugtuung und Barmherzigkeit führt dazu, dass Gott selbst Mensch werden muss, um diese Genugtuung leisten zu können. Der Gottmensch Jesus Christus kann die Menschheit mit Gott durch seinen Kreuzestod versöhnen, da er als sündloser Mensch eine Genugtuung erbringen kann, die die Sünde der Menschen angemessen ausgleicht.

Die nächste und letzte kirchengeschichtliche Deutung des Kreuzes, die ich vorstellen möchte, hat wahrscheinlich die Sicht des Kreuzes in evangelischen und evangelikalen Kreisen am stärksten geprägt.

3. Stellvertretende Strafübernahme

Die Theorie der stellvertretenden Strafübernahme ist eine Weiterentwicklung von Anselms Satisfaktionslehre durch Reformatoren wie Luther und Calvin. Sie haben die Satisfaktionslehre aufgegriffen, sahen als Hauptproblem aber nicht die verletzte Ehre Gottes durch die Sünde der Menschen, sondern die Verletzung der Gerechtigkeit Gottes. Nicht die Ehre Gottes, sondern göttliche Gerechtigkeit (im Sinne von moralischer Fehlerlosigkeit) musste wiederhergestellt werden. Die Reformatoren hatten eine sehr juristische Vorstellung von Gerechtigkeit. Sie lebten in einer Welt, in der Unrecht und Ungerechtigkeit häufig mit dem Tod bestraft wurde. Der Gerechtigkeit wurde Genüge getan durch eine entsprechende Strafe. Für die Reformatoren konnte es ohne Strafe keine Gerechtigkeit geben. Das Bild, das hinter dieser Erlösungstheorie steht, ist das eines Gerichtssaals: Gott ist der unparteiische und höchste Richter. Die Menschen haben gesündigt und sind darum angeklagt. Und weil auf Sünde die Todesstrafe steht – und zwar der ewige Tod –

werden alle Menschen in die Hölle verdammt. Würde Gott die Menschen einfach freisprechen, wäre der Gerechtigkeit nicht Genüge getan und die Gesetze und Gebote Gottes der Lächerlichkeit preisgegeben. Nun tritt Jesus als Fürsprecher und Anwalt der Menschen auf und erklärt sich bereit, die Strafe, die die Menschen verdient hätten, auf sich zu nehmen, damit die Menschen freigesprochen werden und straffrei ausgehen können. Jesus bezahlt also die notwendige Todesstrafe mit seinem eigenen Leben, damit Gott den Menschen vergeben und sie freisprechen kann. So lädt Gott die Vergehen und Sünde der ganzen Welt auf Jesus, verurteilt ihn zum Tode, und damit werden die Menschen errettet. Ausgehend von diesen Überlegungen entstehen die klassischen Formulierungen wie:

- Jesus starb für meine Schuld.
- Jesus hat am Kreuz bezahlt.
- Jesus starb für mich (im Sinne von »anstelle von mir«).

Wenn evangelische oder evangelikale Christen über Erlösung und das Kreuz nachdenken, dann haben sie meist dieses Bild des Gerichtssaals im Kopf. Gott möchte dem bußfertigen Sünder zwar vergeben, kann das aber nicht einfach so tun. Strafe muss sein. Es ist so, als gäbe es ein höchstes Prinzip der Gerechtigkeit, das erfüllt werden muss. Über diese Gerechtigkeit kann sich selbst Gott nicht hinwegsetzen. Aber weil kein Mensch diese Gerechtigkeit in seiner Liebe erfüllen und die Strafe bezahlen kann, stellt sich Gott selbst zur Verfügung, indem er sich in Jesus Christus für die Sünde bestrafen lässt. Weil Jesus sich stellvertretend für die Menschen opfert (sacrifice), wird am Ende alles gut, Gott kann vergeben, befreien und ewiges Leben schenken. Dem Anspruch der Gerechtigkeit und der damit verbundenen Strafe ist Genüge getan. Ich persönlich habe das viele Jahrzehnte so geglaubt, und zweifellos gibt es viele neutestamentliche Textstellen, die für solch eine Deutung des Kreuzes zu sprechen scheinen.

Probleme der stellvertretenden Strafübernahme

Die Reformatoren haben ernsthafte und gründliche Arbeit geleistet bei der Entfaltung der stellvertretenden Strafübernahme. Ich möchte diese theologische Arbeit zutiefst würdigen. Und doch hat diese Idee meiner Meinung nach erhebliche Probleme. Ich möchte nur einige davon benennen:

1. In dieser Theorie wird der moralische Gerechtigkeitsanspruch Gottes seiner Liebe entgegengestellt, und am Ende hat die Gerechtigkeit das letzte Wort. Selbst wenn Gott aus Liebe dem reumütigen Menschen vergeben möchte, kann er das nicht tun, weil er einer noch höheren Gerechtigkeit Folge leisten muss. Aber haben wir es tatsächlich mit einem höchsten Prinzip der Gerechtigkeit zu tun, dem sogar Gott sich unterordnen muss? Ist das nicht vielmehr das typische Denken der römischen Göttin Justitia? Gott ist zwar die Liebe, aber diese Liebe kommt erst zum Zug, wenn der Gerechtigkeit durch Strafe Genüge getan ist. Jesus opfert sich zwar aus Liebe, aber nur, um die höher gestellte Macht der Gerechtigkeit zufriedenzustellen.
2. Bei diesem Erlösungsverständnis dominiert der Gedanke der Strafe und des Strafausgleichs. Gott bestraft Jesus am Kreuz ganz im Sinne von Auge um Auge, Zahn um Zahn. Gott bewegt sich im Denkmuster ausgleichender Gerechtigkeit, wo jede Schuld entsprechend bestraft werden muss. Aber hat Jesus in seinen Lehren und seinem Handeln nicht genau diese Idee der ausgleichenden Gerechtigkeit mit dem Gebot der

Hat Jesus in seinen Lehren und seinem Handeln nicht genau diese Idee der ausgleichenden Gerechtigkeit mit dem Gebot der Liebe überwunden?

Liebe überwunden? So sagt er in der Bergpredigt: »*Ihr wisst, dass es heißt: ›Auge um Auge, Zahn um Zahn.‹ Ich aber sage euch: Setzt euch nicht zur Wehr gegen den, der euch etwas Böses antut. Im Gegenteil: Wenn dich jemand auf die rechte Backe schlägt, dann halt ihm auch die linke hin!*« (Matthäus 5,38 ff. NGÜ) Jesus liebt tatsächlich den Feind und nicht eine durch irgendeine Bezahlung beschönigte Version des Feindes. Hält sich Gott selbst nicht an seine eigene Idee, zugunsten der Feindesliebe auf Vergeltung zu verzichten? Es ist ja das Geheimnis der Liebe Gottes, dass sie keine äußere Motivation durch Bezahlung oder Genugtuung braucht, sondern dass Gott als Quelle der Liebe einfach lieben kann, ja, sogar den Feind lieben kann. Sonst unterscheidet sich die Liebe Gottes nicht von menschlicher Liebe oder der Gunst heidnischer Götter. Jesus überwindet die ausgleichende Gerechtigkeit, indem er dem »Auge um Auge« seine Feindesliebe entgegensetzt.

3. Entscheidend für diese Theorie ist die Strafübernahme Jesu am Kreuz. Jesus wird für unsere Sünde mit dem Tod bestraft, damit wir von unserer Schuld freigesprochen werden können. Diese Theorie kommt eigentlich ohne Auferstehung aus. Das gesamte Erlösungsgeschehen spielt sich am Kreuz ab. Welche Rolle die Auferstehung dabei spielt, ist dagegen viel schwieriger zu vermitteln. Gregory Boyd schreibt dazu in »The Nature of Atonement«: »*Wenn das Hauptproblem, das Christus zu lösen hatte, darin bestand, dass Gottes Zorn besänftigt werden musste, und wenn die Lösung dieses Problems darin bestand, dass Gott seinen Sohn am Kreuz tötete, dann fragt man sich natürlich, was noch getan werden musste, nachdem dies geschehen war. Gott mag andere Gründe dafür haben, Jesus von den Toten auferstehen zu lassen, aber welchen Grund könnte*

er haben, der strafrechtlicher Natur wäre?« Wenn die Strafe am Kreuz bezahlt wurde und damit die Menschen erlöst sind, wozu musste Jesus noch auferstehen? Was ist die theologische Relevanz der Auferstehung?

4. Wenn Gott jemanden braucht, der den Preis für unsere Schuld bezahlt, was ist dann an seiner Vergebung wirklich Vergebung? Wenn mir jemand 1.000 Euro schuldet und mich um einen Schuldenerlass bittet, ich ihm die Schulden aber erst dann erlasse, wenn mir jemand anders die 1.000 Euro gegeben hat, was ist daran Schuldenerlass? Die Schuld ist doch bezahlt. Bei Vergebung geht es doch darum, jemandem die Schuld zu erlassen und nicht darum, sie einzutreiben oder von jemand anderem bezahlen zu lassen. Es gibt im Alten Testament, vor allem in den Psalmen, viele Verse und Geschichten, wo Gott einfach aus seiner Gnade heraus vergibt, obwohl Jesus noch gar nicht gekreuzigt und auferstanden war. Ist nicht das Gleichnis vom verlorenen Sohn ein Beispiel dafür, dass der Vater einfach so vergeben kann, aus seiner Liebe heraus, ohne dass irgendjemand für das Fehlverhalten, den Verrat und die Sünden des Sohnes bestraft werden oder bezahlen muss? Inwiefern ist Gott gnädig, wenn am Ende doch jemand für meine Schuld bezahlt? Das kann doch jeder: jemanden freisprechen und die Schuld erlassen, die in Wirklichkeit bezahlt wird. Das passt nicht zu dem Gottesbild, das Jesus vom Vater zeichnet. Mehrmals heißt es in der Bibel, dass Liebe viele Sünden zudeckt,[31] aber offensichtlich scheint Gottes Liebe so nicht zu funktionieren.

Wenn Gott jemanden braucht, der den Preis für unsere Schuld bezahlt, was ist dann an seiner Vergebung wirklich Vergebung?

31 So in Sprüche 10,13; 1. Petrus 4,8

Gott kann Sünde nicht einfach zudecken oder vergeben. Dabei widerspricht Vergebung, für die bezahlt wird, zutiefst dem Gedanken der göttlichen Agape, der schenkenden, gönnenden, gnädigen Liebe Gottes. Sonst wäre Gott am Ende nicht besser als irgendein heidnischer Gott, den man durch Opfer gnädig gestimmt hat.

Das Gleichnis Jesu vom sogenannten Schalksknecht (Matthäus 18,21–35) ist hier von besonderer Bedeutung. Mit diesem Gleichnis ruft Jesus zur unbedingten Vergebungsbereitschaft auf. Ein Knecht schuldet seinem König eine unermessliche Summe. Etwa 200.000 Jahresgehälter. Der Knecht kann diese Schuld nicht bezahlen und soll deshalb mit seiner ganzen Familie in die Sklaverei verkauft werden. Und nun bittet dieser Knecht seinen König um Gnade und Geduld – und das Erstaunliche geschieht: Der König vergibt ihm und erlässt ihm alle Schulden. Und zwar ohne Gegenleistung und ohne dass jemand anderes für die Schulden aufkommen muss. *»Da hatte der König Mitleid. Er gab ihn frei und erließ ihm seine Schulden.«* (V. 27 HfA) Der König muss dazu das Geld nicht anderswo auftreiben. Vielmehr entsteht Vergebung im Herzen des Königs aufgrund seiner Barmherzigkeit.

Gnade ist doch diese liebende Haltung und Fähigkeit, jemandem Schuld und Vergehen zu erlassen und sich zu versöhnen, ohne dass der andere oder sonst jemand dafür einen Preis bezahlt, die Strafe übernommen oder sonst eine Leistung erbracht hat. Sonst wäre es keine Gnade mehr, denn dann wäre bezahlt worden. Begnadigen ist leicht, wenn ein anderer die Strafe übernommen hat: Das kann auch jeder irdische Richter. Die stellvertretende Übernahme der Strafe hebelt in Wirklichkeit die Gnade und Güte Gottes aus; wir haben damit keine Erlösung aus Gnade mehr, sondern nur noch Erlösung gegen Bezahlung. Zwar mussten wir nicht selbst bezahlen, sondern Jesus hat bezahlt, aber offensichtlich kann Gott nur gnädig sein, wenn jemand bezahlt hat. Gnade ist also kein Geschenk Gottes, sondern das Ergebnis einer vorherigen Zahlung. Es gehört aber gerade zum Kern der Botschaft Jesu, dass wahre göttliche Liebe ohne Gegenleistung auskommt. In aller Konsequenz wird dies im Lukasevangelium beschrieben: *»Aber euch, die ihr mir zuhört, sage ich: Liebt eure Feinde; tut denen Gutes, die euch hassen; segnet die, die euch verfluchen; betet für die, die euch Böses tun. ... Wenn ihr die liebt, die euch Liebe erweisen, verdient ihr dafür etwa besondere Anerkennung? Auch die Menschen, die nicht nach Gott fragen, lieben die, von denen sie Liebe erfahren. Und wenn ihr denen Gutes tut, die euch Gutes tun, verdient ihr dafür besondere Anerkennung? So handeln doch auch die, die nicht nach Gott fragen. Und wenn ihr denen leiht, von denen ihr ebenfalls etwas erwarten könnt, verdient ihr dafür besondere Anerkennung? Auch bei denen, die nicht nach Gott fragen, leiht einer dem anderen in der Hoffnung auf eine entsprechende Gegenleistung. Nein, gerade eure Feinde sollt ihr lieben! Tut Gutes und leiht, ohne etwas zurückzuerwarten. Dann wartet eine große Belohnung auf euch, und ihr werdet Söhne des Höchsten sein; denn auch er ist gütig gegen die Undankbaren und Bösen. Seid barmherzig, wie euer Vater barmherzig ist.«* (Lukas 6,27–36 NGÜ)

Die stellvertretende Übernahme der Strafe hebelt in Wirklichkeit die Gnade und Güte Gottes aus; wir haben damit keine Erlösung aus Gnade mehr, sondern nur noch Erlösung gegen Bezahlung.

Die göttliche Liebe, von der hier die Rede ist, ist eine Liebe ohne Gegenleistung, eine Liebe, die nichts erwartet, die sich verschenkt. Dann lieben, geben, Gutes tun, vergeben oder leihen, wenn ich eine Gegenleistung erhalte, das kann jeder, sagt Jesus. Wenn Gottes Vergebung und Erlösung darin bestehen, dass er den Menschen vergibt und sich mit ihnen versöhnt, weil er von Jesus die entsprechende Gegenleistung erhalten hat – zu der freilich kein anderer Mensch fähig gewesen wäre –, dann funktioniert Gottes Liebe genauso wie die menschliche und wird ihrem eigenen Anspruch nicht gerecht. Wenn Jesus am Kreuz den Preis bezahlt hat, ist Vergebung nur eine Folge dieser Bezahlung und nicht der tiefste Ausdruck des Gottes, der Liebe ist. *»Tut Gutes und leiht, ohne etwas zurückzuerwarten«*, das kennzeichnet die Barmherzigkeit Gottes. Wer liebt, vergibt und Gutes tut ohne Gegenleistung, ist barmherzig, wie der Vater barmherzig ist. Die Theorie der stellvertretenden Strafübernahme untergräbt genau diese Qualität der Liebe, die uns Jesus immer wieder bezeugt. Da hilft es auch nicht, dass Gott in Jesus Christus selbst die Schuld bezahlt. Damit wird das System der Vergeltung aufrechterhalten, statt es am Kreuz ein für alle Mal zu überwinden.

5. Wenn der Lohn der Sünde der Tod ist[32], also die *ewige* Verdammnis, und Jesus diese Strafe des ewigen Todes

---

32 Römer 6,23: *»Denn der Lohn, den die Sünde zahlt, ist der Tod; aber das Geschenk, das Gott uns in seiner Gnade macht, ist das ewige Leben in Jesus Christus, unserem Herrn.«* (NGÜ)
Jakobus 1,15: *»Nachdem die Begierde dann schwanger geworden ist, bringt sie die Sünde zur Welt; die Sünde aber, wenn sie ausgewachsen ist, gebiert den Tod.«* (NGÜ)
Römer 5,12: *»Durch einen einzigen Menschen ist die Sünde in die Welt gekommen und durch die Sünde der Tod. Auf diese Weise ist der Tod zu allen Menschen hingekommen, weil sie ja alle gesündigt haben.«* (NeÜ)

auf sich genommen hat, warum wurde er dann nach *drei Tagen* auferweckt? Warum diese Strafverkürzung? Wenn die Strafe für die Sünde der ewige Tod ist, wie kann dann der Gerechtigkeit Genüge getan werden, wenn Jesus nur drei Tage lang im Totenreich verbringt? Warum musste Jesus nicht in der ewigen Verdammnis bleiben, sondern wurde vorzeitig entlassen? Was ist denn auf einmal passiert mit dem Anspruch auf Gerechtigkeit, der an jeden Menschen angelegt wird? Das wäre genauso, als wenn jemand zu 50 Jahren Haft verurteilt wird, und derjenige, der diese Haftstrafe stellvertretend antritt, wird nach nur drei Wochen entlassen. Da würde etwas im Rechtssystem nicht stimmen! Wenn Gott einfach so die Strafe Jesu auf drei Tage verkürzen kann, warum kann er es dann nicht auch bei uns Menschen tun?

Aus all diesen Gründen habe ich große Schwierigkeiten mit der Idee der stellvertretenden Strafübernahme und halte sie nicht für geeignet zu erklären, was am Kreuz wirklich geschehen ist. Sie mag im ersten Moment zwar einleuchtend klingen, aber genau diese Deutung des Kreuzes zerstört Wahrheiten und setzt falsche Konzepte in unsere Köpfe. Diese kirchengeschichtlich bedingte und heute leider sehr populäre Deutung des Kreuzes stiftet mehr Verwirrung und verdunkelt das Wesen und die Gnade Gottes.

Das Kreuz mit neuen Augen sehen

Die bisherigen Deutungen des Kreuzes sind eher biblizistisch geprägt, das heißt, man findet für jede Deutung eine Reihe von Bibelstellen, die sie belegen. Das zeigt sich gerade in dem Buch »The Nature of Atonement«, in dem vier unterschiedliche Auslegungen des Kreuzes vorgestellt werden und die Autoren jeweils auf die Deutung des anderen mit Gegenargumenten reagieren. Jeder Autor kann seine Perspektive des Kreuzes mit einer Menge Bibelstellen belegen und sie somit als die zentrale biblische Deutung präsentieren. Ich möchte im Folgenden einen anderen Ansatz wählen. Die Bedeutung des Kreuzes kann nicht durch einen Wettbewerb der meisten Bibelstellen geklärt werden. Ich hoffe, es ist deutlich geworden, dass die Auferstehung Jesu das zentrale Ereignis ist, durch das dieser jüdische Rabbi aus Nazareth von Gott als Messias, Erlöser und Sohn Gottes bestätigt wurde. In Jesus haben wir es nicht einfach mit einem besonders heiligen oder weisen Menschen zu tun, sondern mit Gott selbst. In ihm begegnen wir dem unverfälschten Ausdruck von Gottes Charakter (Hebräer 1,3). Dass dieser Erlöser, der Sohn Gottes und damit Gott selbst, am Kreuz hingerichtet wird, ist für die ersten Christen zunächst unverständlich. Der Tod am Kreuz ist ein unerhörtes Geschehen und zugleich ein großes Geheimnis. Mit verschiedenen Bildern und Vergleichen, die zumeist aus der Welt des Alten Testaments stammen, versuchen sich die Jünger, diesem Kreuzesgeschehen anzunähern. Jedes Bild deckt dabei einen Aspekt des Kreuzesgeschehens ab. Alle zusammen ergeben ein umfassendes Bild. Gleichzeitig zeigen diese unterschiedlichen Darstellungen aber auch, dass sich die Deutung des Kreuzes entwickelt. Je nach Apostel und Zuhörerschaft werden andere Kreuzesdeutungen verwendet, die an anderer Stelle ergänzt oder erweitert werden.

Die Bedeutung des Kreuzes kann nicht durch einen Wettbewerb der meisten Bibelstellen geklärt werden.

Heilskonstatierend, nicht heilskonstituierend

In der Diskussion um das Kreuz ist die heilskonstituierende

Sicht die vorherrschende.[33] Am Kreuz wurde das Heil der Menschen ermöglicht, geschaffen und hervorgebracht. Dadurch ist tatsächlich etwas Heilsentscheidendes geschehen. Für andere ist das Kreuz heilskonstatierend.[34] Am Kreuz wird das Heil gezeigt, bezeugt und erklärt. Das Heilsentscheidende liegt im Wesen Gottes und wird am Kreuz aller Welt vor Augen geführt. Ich persönlich bin von der heilskonstatierenden Bedeutung des Kreuzes überzeugt. Was bedeutet das?

Durch die ganze Bibel hindurch wird deutlich, dass Gott erlösen, retten, vergeben und wiederherstellen will. Gott selbst kommt in Jesus Christus auf diese Welt, und Jesus tut nur das, was er den Vater tun sieht. In Jesus wird Gott sichtbar. Wer ihn sieht, sieht den Vater. In seiner gesamten Wirkungszeit hat Jesus Menschen gerettet, geheilt, ihnen Vergebung zugesprochen, sie vom Bösen erlöst und ihre Würde und Lebensgrundlagen wiederhergestellt. Das ist es, was Gott unter den Menschen dieser Welt tun möchte. Zugleich hat Gott dies schon immer getan. Schon vor Jesus, im Alten Testament, hat Gott den Menschen vergeben, sie gerettet, einzelne Menschen oder das ganze Volk erlöst und wiederhergestellt. Er hat sich mit allen Menschen und mit seinem Volk versöhnt, sie befreit und ihnen Leben geschenkt. Was ist also am Kreuz geschehen? Bringt das Kreuz etwas Neues? Hat das Kreuz etwas verändert?

Gott braucht das Kreuz nicht, um etwas tun zu können, was er vorher nicht tun konnte.

Nach meinem persönlichen Verständnis des biblischen Zeugnisses ist das Kreuz nicht die Ursache oder der Auslöser

33 Konstituieren von lat. constituere: bilden, gründen, ins Leben rufen, begründen

34 Konstatieren von lat. constat: feststellen, wahrnehmen, nachdrücklich sagen, erklären

(also heilskonstituierend) für Gottes Vergebung und Versöhnung. Gott braucht das Kreuz nicht, um etwas tun zu können, was er vorher nicht tun konnte. Das Kreuz ermöglicht Gott nichts, wo ihm vorher die Hände gebunden waren. Es musste keiner höheren Gerechtigkeit Genüge getan werden. Gott war einer Göttin Justitia nichts schuldig, als ob er erst durch die Begleichung einer Schuld in die Lage versetzt worden wäre zu tun, was er vorher nicht konnte oder durfte – wie zum Beispiel vergeben oder sich versöhnen. Kann Gott erst seit der Kreuzigung Jesu Sünden vergeben? Nein, das konnte er auch zuvor. Dazu gibt es unzählige Beispiele im Alten Testament. Kann sich Gott erst seit der Kreuzigung mit Menschen versöhnen? Nein, auch das konnte er schon immer. Kann Gott erst segnen seit dem Kreuz? Nein, das konnte er schon bei Noah und Abraham. Es gibt nichts, was Gott seit dem Kreuz tut, das er nicht vorher auch schon tun konnte. Gerade am Beispiel von Mose und Elia, die Jesus auf dem Berg der Verklärung erscheinen, wird deutlich, dass Gott auch alttestamentlichen Personen bereits ewiges Leben und Auferstehung geschenkt hat. *Das Kreuz hat nicht Gott zum Handeln, sondern vielmehr uns zum Glauben befähigt!* Am Kreuz vollzog sich kein göttlicher Gesinnungswandel, sondern es ermöglicht uns allen den notwendigen Gesinnungswandel. Das Kreuz vermittelt die ungeheuer wichtige und gute Botschaft (Evangelium), dass Gott vergeben *hat*, dass er sich versöhnt *hat*, dass er gesegnet *hat* und dass er ewiges Leben geschenkt *hat* und nichts ihn davon abhalten kann, dies jedem zu schenken, der ihm vertraut. Das Kreuz bringt seine Liebe, Güte und Beziehungssehnsucht zu den Menschen zum Ausdruck. Und wie geschieht das?

Das Kreuz hat nicht Gott zum Handeln, sondern vielmehr uns zum Glauben befähigt!

Am Kreuz geschieht das Schrecklichste, was je geschehen konnte: der Gottesmord! Gott selbst wird durch Bosheit, Gier und Neid, Unversöhnlichkeit, Selbstsucht und Verblendung, Geltungssucht, Feindseligkeit und Gewalttätigkeit – sprich: die Sünde der Menschen – gefoltert, gedemütigt und am Kreuz getötet. Die Menschen werden durch die Kreuzigung Jesu zu Gottesmördern. In Jesus wird nicht nur ein Unschuldiger hingerichtet, sondern Gott selbst. Das Schlimmste aller Verbrechen, die Schwerste aller Sünden, die Größte aller Ungerechtigkeiten! Am Kreuz zeigt sich die abgrundtiefe böse Seite der Menschen. Damit wird das Kreuz zum Kulminationspunkt menschlicher Sündhaftigkeit. Die Sünde der ganzen Menschheit trifft damit auf Jesus und landet am Kreuz. In diesem Sinne trägt Jesus unser aller Sünden, deren Opfer (victim) er wird:

- Jesus wird eine gerechte Verhandlung verweigert,
- er wird als Unschuldiger verurteilt,
- die Juden erklären ihn zum Ketzer und die Römer zum Staatsfeind,
- er wird zu Unrecht gefoltert,
- eine Dornenkrone macht ihn lächerlich und fügt ihm große Schmerzen zu,
- er wird öffentlich zur Schau gestellt, gedemütigt, verspottet,
- er wird mit der grausamsten aller Tötungsmethoden hingerichtet und
- er wird geschändet, indem man ihn nackt mit zwei Verbrechern tötet.

Jetzt könnte Gott zu Recht sagen: »Was hier geschehen ist, schreit nach Vergeltung. Jetzt sind angemessene Vergeltungsmaßnahmen der Menschheit gegenüber nötig. Sonst kommt das kosmische Gleichgewicht durcheinander. Der Gerechtigkeit muss Genüge getan werden!« So oder ähnlich haben wir es hundertfach von Göttern, Königen, Regierungschefs und Verteidigungsministern gehört – ganz nach der Logik der ausgleichenden Gerechtigkeit. Die Göttin Justitia hat das Sagen. Aber das Gegenteil geschieht! Das Kreuz wird zum Ende aller Vergeltungsmaßnahmen und der Vergeltungsspirale. Die Ungerechtigkeit am Kreuz bleibt unbeantwortet. Es erfolgen keine Gegenmaßnahmen – sondern Gott liebt weiter. Am Kreuz spricht Jesus Vergebung aus, statt Vergeltung anzukündigen. Gott selbst lebt uns vor, was es heißt, auf Gegenmaßnahmen und Strafe zu verzichten. Damit erlöst uns das Kreuz aus der Logik der Vergeltung, und diese Friedensbotschaft vom Kreuz ist Torheit in den Augen der Menschen. Wie kann man so dumm sein und auf Vergeltung verzichten? Das Kreuz ist sinnlos! Da wird der Gerechtigkeit keine Genüge getan!

Das Kreuz wird zum Ende aller Vergeltungsmaßnahmen und der Vergeltungsspirale. Die Ungerechtigkeit am Kreuz bleibt unbeantwortet. Es erfolgen keine Gegenmaßnahmen – sondern Gott liebt weiter.

Nach diesem menschlichen Terrorakt an Gott wird Jesus auferweckt und Gott überwindet damit das, was die Menschen in ihrer Bosheit beabsichtigt hatten. Das Leben siegt über das Böse und den Tod. Die Liebe siegt über Feindschaft und Hass. Und nun rächt sich Gott nicht und straft nicht, sondern versöhnt sich mit genau diesen Menschen, diesen Sündern, diesen Gottesmördern. Darum kann Paulus schreiben: *»Ja, in der Person von Christus hat Gott die Welt mit sich versöhnt, sodass er den Menschen ihre Verfehlungen nicht anrechnet.«* (2. Korinther 5,19 NGÜ) Das Kreuz hat Gott nicht befähigt, sich zu versöhnen, sondern im Kreuz, im Angesicht der abgrundtiefen Bosheit der Menschen, offenbart Gott seine Versöhnungsbereitschaft mit genau diesen Menschen. Darum ist die Botschaft vom Kreuz das deutlichste Zeichen der Versöhnungsabsicht Gottes, die es je gab. Im Kreuz wählt Gott das »worst case«-Szenario, den Gottesmord, um genau darin seine Bereitschaft zur Versöhnung zu zeigen, und diese Versöhnung mit der Welt auch tatsächlich zu vollziehen. Am Kreuz liebt Gott den Sünder und den Feind. Er ruft uns in Kreuz und Auferstehung entgegen: »Ich bin mit euch versöhnt und liebe euch, und dagegen könnt ihr nichts tun, egal welche Sünden ihr mir entgegenschleudert.« Wenn Gott die abgrundtiefe Bosheit der Menschen, die am Kreuz sichtbar wird, vergeben und sich versöhnen kann, dann reicht seine Vergebung für die ganze Welt. Genau diese Liebe Gottes, die sich im Geschehen am Kreuz zeigt, sollen wir verkündigen. Darum schreibt Paulus im nächsten Vers: *»Deshalb treten wir im Auftrag von Christus als seine Gesandten auf; Gott selbst ist es, der die Menschen durch uns zur Umkehr ruft. Wir bitten im Namen von Christus: Nehmt die Versöhnung an, die Gott euch anbietet!«* (2. Korinther 5,20 NeÜ)

Im Kreuzesereignis ist nichts für Gott geschehen, das er zuvor nicht konnte. Im Kreuz wird vielmehr sichtbar, was die Menschen so noch niemals zuvor wahrgenommen haben. Nicht Gott braucht das Kreuz, um an uns handeln zu können, sondern wir brauchen das Kreuz, um Gott zu glauben und seiner Liebe und Versöhnungsabsicht Vertrauen schenken zu können. Glaube heißt in diesem Sinne, sich in dem zu bergen, was Gott im Kreuz zum Ausdruck gebracht hat.

Nicht Gott braucht das Kreuz, um an uns handeln zu können, sondern wir brauchen das Kreuz, um Gott zu glauben und seiner Liebe und Versöhnungsabsicht Vertrauen schenken zu können.

Einen Hinweis auf die heilskonstatierende Bedeutung des Kreuzes liefert meiner Meinung nach Jesus selbst. Als seine Kreuzigung bevorsteht, feiert er mit seinen Jüngern das Passamahl und begibt sich danach mit ihnen in den Garten Gethsemane. Dort wird er von Angst und Grauen erfasst angesichts der Brutalität, Grausamkeit und Schmerzhaftigkeit der vor ihm liegenden Geißelung und Kreuzigung. In seiner Angst und Verzweiflung bittet er seinen himmlischen Vater, ihm das Kreuz zu ersparen: *»Jesus ging ein paar Schritte weiter, warf sich nieder und betete, dass Gott ihm, wenn es möglich wäre, diese schwere Stunde ersparte: ›Abba, Vater, alles ist dir möglich. Lass diesen bitteren Kelch des Leidens an mir vorübergehen. Aber nicht, was ich will, sondern was du willst, soll geschehen.‹«* (Markus 14,35 f. HfA) Insgesamt dreimal wiederholt Jesus diese Bitte an Gott. Wie kann das sein? Ihm diese Stunde ersparen? Dieses Leid an ihm vorübergehen lassen? Doch nicht ans Kreuz gehen? Wie kann Jesus solch ein Gebet sprechen? Wenn sein ganzes Kommen seit Grundlegung der Welt darauf ausgerichtet ist, ans Kreuz zu gehen und dadurch die Menschheit mit Gott zu versöhnen, wie kann Jesus jetzt Gott darum bitten, ihm das Ganze zu ersparen?

Jesus ist Gott und eins mit dem Vater. Wenn das Kreuz heilskonstituierend ist, dann ist es *alternativlos*! Das weiß auch Jesus. Dann kann man nicht schnell einen Plan B erbitten! Dieses Gebet und der Wunsch Jesu sind nur erklärbar, wenn das Kreuz heilskonstatierend ist. Denn dann gäbe es tatsächlich Alternativen, um den Menschen Gottes Versöhnungsabsicht, Vergebung und Liebe zu offenbaren. Das Kreuz ist zwar das stärkste und deutlichste Zeichen der unbedingten Güte und Barmherzigkeit Gottes, aber es ist nicht der einzige Ort, an dem das Versöhntsein Gottes mit den Menschen seinen Ausdruck findet. Aber schließlich geht Jesus ans Kreuz, er entscheidet sich für diesen Weg, denn an keinem anderen Ort wird das Wesen Gottes so sichtbar wie am Kreuz. Die Kreuzes-Liebe Gottes ist göttliche Liebe in Bestform, in reinster Form. Sie ist unüberwindbar, bedingungslos und kräftiger als jede Macht des Bösen. Darum kann Paulus über diese Liebe, die im Kreuz sichtbar wurde, schreiben: *»Ich bin überzeugt: Nichts kann uns von seiner Liebe trennen. Weder Tod noch Leben, weder Engel noch Mächte, weder unsere Ängste in der Gegenwart noch unsere Sorgen um die Zukunft, ja nicht einmal die Mächte der Hölle können uns von der Liebe Gottes trennen. Und wären wir hoch über dem Himmel oder befänden uns in den tiefsten Tiefen des Ozeans, nichts und niemand in der ganzen Schöpfung kann uns von der Liebe Gottes trennen, die in Christus Jesus, unserem Herrn, erschienen ist.«* (Römer 8,38 f. NLB)

Anmerkung zum Gottesmord

An dieser Stelle noch eine Anmerkung zum Begriff »Gottesmord«. Diese Anmerkung ist mir zu wichtig, um sie in die Fußnoten zu setzen. Ich schreibe diese Zeilen vor dem Hintergrund des terroristischen Überfalls der Hamas auf Israel Anfang Oktober 2023. Die Idee, dass Juden Gottesmörder sind, hat viele Jahrhunderte lang den (christlichen) Antisemitismus befeuert. Man sah in den Juden diejenigen, die Gott in der Person von Jesus Christus am Kreuz umgebracht haben. Nun habe ich im Abschnitt über die Kreuzigung aber deutlich gemacht, dass Jesus zweimal zum Tode verurteilt wurde: einmal vom jüdischen Hohen Rat wegen Ketzerei und einmal vom römischen Statthalter Pontius Pilatus wegen Hochverrats. Durch diese doppelte Verurteilung durch Juden und Heiden hat die Bibel hier die gesamte Menschheit im Blick. Und so ist es auch nicht irgendein Volk, sondern die Menschheit an sich, die Jesus ans Kreuz bringt. Hier bleibt keinerlei Spielraum für die Zuweisung von Schuld auf irgendein spezifisches Volk, eine bestimmte Religion oder eine spezielle Personengruppe. Die Sünde des Menschen ist es, die am Kreuz sichtbar, dort aber auch überwunden wird.

Verschiedene Deutungen des Kreuzes verstehen in wenigen Worten

Das Kreuz ist Herzstück unseres christlichen Glaubens. Die Autoren des Neuen Testaments versuchen, sein Geheimnis durch verschiedene Bilder und geistliche Deutungen zu ergründen. Sie sehen im Kreuz den Tod eines Märtyrers, die Zahlung eines Lösegeldes, die bronzene Schlange aus der Wüstenwanderung, den Fluch des Gesetzes, ein Sühneopfer, ein Passalamm und einen Sündenbock. Auch die Theologiegeschichte hat unterschiedliche Interpretationen des Kreuzes hervorgebracht. Die in evangelischen Kreisen am weitesten verbreitete ist die der stellvertretenden Strafübernahme. Auch wenn man einige Bibelstellen in diese Richtung auslegen kann, bringt sie viele problematische Ansichten mit sich. Nach meiner Überzeugung hat das Kreuz Gott nicht zu etwas befähigt, was er nicht schon vorher hätte tun können. Es ist heilskonstatierend und offenbart die bedingungslose Liebe Gottes, der sich trotz des Gottesmordes nicht davon abhalten lässt, sich mit der Welt zu versöhnen. Diesem Versöhnungswillen dürfen wir nun unser ganzes Vertrauen schenken. Deshalb hat das Kreuz eine so zentrale Bedeutung für unseren Glauben.

4. Die Inspiration der Bibel

Eines der wichtigsten Elemente meiner Spiritualität und meines geisterfüllten Lebens ist die Inspiration. In diesem Kapitel möchte ich mich zunächst mit der Inspiration der Bibel auseinandersetzen und im zweiten Teil des Buches dazu überleiten, was Inspiration allgemein für ein geisterfülltes Leben bedeutet.

Alle Schrift ist von Gott eingegeben ...

Zu Beginn meines Theologiestudiums an einer »bibeltreuen« Akademie musste ich unterschreiben, dass mein Bibelverständnis dem von 2. Timotheus 3,16+17 entsprach: *»Denn alle Schrift, von Gott eingegeben, ist nütze zur Lehre, zur Zurechtweisung, zur Besserung, zur Erziehung in der Gerechtigkeit, dass der Mensch Gottes vollkommen sei, zu allem guten Werk geschickt.«* (LUT). Entscheidend an dieser Bibelstelle ist die Aussage, dass die Schrift *»von Gott eingegeben«* ist. Im Griechischen steht hier das Wort »theopneustos« (θεόπνευστος). Auch wenn das Neue Testament an verschiedenen Stellen betont, dass die alttestamentlichen Propheten vom Heiligen Geist getrieben waren oder durch den Geist Gottes gesprochen haben[35], ist der Begriff »theopneustos« doch einmalig. Er heißt wörtlich übersetzt »gottgehaucht«. Die

---

35 Vgl. Markus 12,36; Apostelgeschichte 1,16; 3,18; 4,25; Hebräer 3,7 f.; 2. Petrus 1,21; 1. Thessalonicher 2,13

lateinische Übersetzung (Vulgata) verwendet hier den Begriff »inspirata«, den wir vom Wort Inspiration kennen. Ausgehend von dieser Bibelstelle wird nun die gesamte Schrift als inspiriert verstanden. Allerdings erklärt dieser Vers in keiner Weise, was mit Inspiration gemeint ist oder wie diese vonstattengegangen ist. Das Inspirationsverständnis der Bibel kann nicht aus der Bibel selbst hergeleitet werden, sondern ist später theologisch erarbeitet. An keiner anderen Stelle im Neuen Testament taucht der Begriff »theopneustos« erneut auf. Es ist also nicht möglich, durch den Vergleich mit anderen Textstellen der Bedeutung dieses Begriffs näherzukommen.

Manche konservativ-evangelikale Kreise verstehen unter Inspiration der Bibel die Verbalinspiration. Jedes Wort der Bibel ist von Gottes Geist gewollt, gewählt und durchdrungen. Auch wenn die Autoren der Bibel sich dessen nicht bewusst waren, haben sie nur die Worte, Begriffe und Sätze aufgeschrieben, die Gott ihnen eingegeben hat. Damit hat die Inspirationslehre vor allem die Entstehung der Bibel im Blick. Sie wird zu einer Art himmlischen Garantie, dass diese Bibel zuverlässig ist und sich nichts Falsches in sie eingeschlichen hat. Dadurch ist sie fehlerfrei und irrtumslos in allen Aspekten, egal ob in historischen, mathematischen, logischen, geografischen, naturwissenschaftlichen, genealogischen, technischen oder moralischen Belangen. Evangelikale Inspirationslehre wird zum Inbegriff biblischer Eindeutigkeit und Irrtumslosigkeit. Deshalb ist es für »bibeltreue« Christen so wichtig, an nichts in der Bibel zu zweifeln, jeden noch so kleinen Begriff wörtlich zu nehmen und bestimmte Lehrsätze oder Vorstellungen keinesfalls zu hinterfragen. Die Welt *muss* in sechs Tagen entstanden sein – und daher rühren all die unleidigen

Manche konservativ-evangelikale Kreise verstehen unter Inspiration der Bibel die Verbalinspiration.

Diskussionen mit anderen Ansätzen der Weltentstehung. Alle Tierarten der Welt *müssen* in die Arche gepasst haben, Jona *musste* drei Tage im Bauch eines Fisches überleben, und die Israeliten waren über zwei Millionen Menschen bei ihrem Exodus, egal welche Platzverhältnisse sie auf ihrer Reise vorgefunden haben. Zudem geistert bei diesem Inspirationsverständnis die Vorstellung durch die Köpfe, als habe es antike Autoren gegeben, die allein und unabhängig Texte oder Bücher verfasst haben. Oft genug denken wir bei den biblischen Autoren an moderne Schriftsteller, die peinlich genau auf Urheberschaft, Copyright und Zitation achten. Aber biblische Texte wurden oftmals von verschiedenen Autoren oder Autorengruppen zusammengestellt, überarbeitet, ergänzt oder erweitert. Diese Texte haben sich über längere Zeit entwickelt und sind selten das Werk einer einzelnen Person, die unter besonderer Inspiration alles aufgeschrieben hat. Darum finden sich in manchen biblischen Büchern unterschiedliche Stile, unterschiedliches Vokabular, unterschiedliche Geschichtswahrnehmung oder Wiederholungen. Viele Christen denken, dass die fünf Bücher Mose von Mose geschrieben wurden, weil sein Name in der Überschrift steht. Aber das ist eben nur in der deutschen Überschrift der Fall. Im hebräischen Original taucht der Name im Titel überhaupt nicht auf. Das Gleiche gilt für manches Prophetenbuch oder die Evangelien. Nirgends steht, dass das Matthäusevangelium von Matthäus stammt. Das alles ist spätere Deutung der Autorenschaft.

Wo hört die Inspiration auf?

Wenn der Begriff »theopneustos« tatsächlich diese Art der Verbalinspiration meint, bei der es auf jedes Wort ankommt, müsste man das Ganze dann nicht konsequent weiterdenken? Wo genau hört diese Inspiration auf? Hat Gott nur die eigentlichen Verfasser des Alten und Neuen Testaments inspiriert und darauf geachtet, dass sich nichts Falsches einschleicht? Müsste er nicht genauso bei der Zusammenstellung des biblischen Kanons darauf achten, dass sich kein falsches Buch in die Bibel einschleicht, sondern nur die Texte und Briefe, die unbedingt hineingehören? Nun finden sich aber in der Septuaginta[36] 54 biblische Bücher. Im alttestamentlichen Kanon der römisch-katholischen Kirche finden sich 46 und im Kanon der evangelischen Kirche sind es nur noch 39. Warum hat Gott hier nicht auf Eindeutigkeit geachtet?

Hat er auch bei der Abschrift des Neuen Testaments dessen Inspiration und Fehlerlosigkeit sichergestellt? Hat Gottes Geist auch in den Schreibstuben der Kopisten darauf geachtet, dass alles haargenau und fehlerlos abgeschrieben wurde? Warum haben wir dann bei den ca. 5.000 griechischen Handschriften des Neuen Testaments so viele Unterschiede? Warum braucht es einen sogenannten kritischen Apparat im Neuen Testament, der all die Varianten der griechischen Handschriften auflistet? Wo bleiben hier Inspiration und Fehlerlosigkeit? Und waren auch die Theologen Nestle und Aland inspiriert, als sie entschieden haben, welche Textvarianten tatsächlich ins griechische Neue Testament aufgenommen werden, das heute als Grundlage der Übersetzungen des Neuen Testaments gilt?[37]

Müsste Gott nicht auch bei allen Bibelübersetzungen, ob ins Deutsche oder in eine andere Sprache, dafür sorgen, dass sein Inspirationshandeln darin zum Ausdruck kommt und dass die

---

36 Die Septuaginta ist die griechische Übersetzung des Alten Testaments, die von den ersten Christen, den Autoren des Neuen Testaments und der frühen Kirche verwendet wurde.

37 Eberhard Nestle legte die erste Ausgabe des Novum Testamentum Graece im Jahr 1898 vor. Diese Ausgabe wurde immer wieder überarbeitet (besonders mithilfe von Kurt Aland) und neue Handschriftenfunde wurden eingearbeitet, sodass es seit 2012 in 28. Auflage vorliegt.

Übersetzer immer genau den richtigen Begriff wählen, der die eigentliche Intention der Texte korrekt und fehlerfrei ausdrückt? Warum haben wir dann nicht die *eine* gültige Bibelübersetzung ins Deutsche oder Englische? Wenn die Inspiration und Fehlerlosigkeit der Bibel so wichtig für unseren Glauben und die Wahrheit der Schrift ist, warum hat dieses Inspirationsgeschehen dann auf dem Weg zu unserer heutigen deutschen Bibel irgendwann Halt gemacht? Was nützt die Inspiration eines Paulus bei der Abfassung des Römerbriefes, wenn nicht auch die vielen Abschriften des Römerbriefes inspiriert waren, ebenso wie dessen Übersetzung ins Deutsche?

Für mich persönlich hat es wenig Relevanz, ob die fünf Bücher Mose tatsächlich von Mose stammen oder von einer späteren Autorengemeinschaft. Es ist mir eigentlich egal, ob das Prophetenbuch Jesaja von einer oder drei verschiedenen Personen geschrieben wurde. Es hat für mich auch nur wenig Bedeutung, auf wann man die Abfassung des Galaterbriefs datiert oder ob die Timotheusbriefe wirklich von Paulus oder einem seiner Schüler stammen. In gleicher Weise ist es für mich nicht entscheidend, ob historische Angaben oder Zahlen in der Bibel fehlerlos sind. Ich habe zum Beispiel große Zweifel daran, dass wirklich zwei Millionen Israeliten auf der Wüstenwanderung unterwegs waren. Ich könnte hier eine ganze Liste an Ungereimtheiten aufzählen, die sich ergeben, wenn man von dieser großen Zahl ausgeht.[38] Für mich sind die Schöpfungserzäh-

---

38 Nur wenigen ist zum Beispiel bewusst, dass es für die Menschen in der Mitte des Lagers eine Tagesreise bedeutete, außerhalb des Lagers zur Toilette zu gehen, wie es vorgeschrieben war (5. Mose 23,13). Und bei zwei Millionen Menschen und entsprechend viel Vieh wären täglich ca. zehn Millionen Liter Trinkwasser nötig gewesen, um die Menschen in der Wüste vor dem Verdursten zu bewahren (und das 40 Jahre lang!). Das ist eine ganze Badewanne voll Wasser alle zwei Sekunden!

lungen am Anfang der Bibel keine historischen Berichte. Die Vorstellung, dass ein Mann drei Tage in den Magensäften eines Fisches überlebt, ist für mich ebenfalls höchst fragwürdig.

Zudem stellt sich die Frage, was die Fehler- und Irrtumslosigkeit der Bibel wirklich bringt. Verleiht sie die gewünschte Sicherheit und Eindeutigkeit? Denn selbst wenn die Bibel irrtumslos und eindeutig wäre, enden diese Attribute, sobald meine Augen den Text der Bibel lesen. Da unser Erkennen Stückwerk ist, ist auch unser Verstehen und Interpretieren der Bibel Stückwerk. Spätestens beim Lesen der Bibel durch uns Menschen wird aus dem »fehlerfrei« zwangsläufig ein »fehlerhaft«. Da ich Kind meiner Zeit bin, eigene Prägungen und Sichtweisen habe, ist meine Sicht auf den Text immer gefärbt und verzerrt. Diese Verzerrungen sind seit 2.000 Jahren Theologiegeschichte sichtbar.

Wirkungsgeschichte, nicht Entstehungsgeschichte

Trotzdem ist für mich die Bibel das inspirierte Wort Gottes. Ihre Inspiration zeigt sich für mich nicht in ihrer Entstehungsgeschichte, sondern in ihrer Wirkungsgeschichte. Inspiration zeigt sich nicht in exakten Zahlen, GPS-genauen Ortsangaben, eindeutiger Verfasserschaft, Vermeidung von Übertreibungen oder Widerspruchsfreiheit. Die Inspiration der Bibel zeigt sich vielmehr in ihrer Wirkung. Seit 2.000 Jahren inspirieren und verändern ihre Texte das Leben der Menschen. Die Bibel tröstet Menschen, gibt ihnen Hoffnung, motiviert und verändert sie, formt ihre Moral, überführt und befreit sie von Schuld, prägt ihre Werte, erfüllt sie mit Mut, gibt ihnen Weisheit und macht sie zu Jüngern und besseren Menschen! Genau das beschreibt Paulus im Timotheusbrief als Kennzeichen der Inspiration: *»Denn alle Schrift, von Gott eingegeben, <u>ist nütze</u> zur Lehre, zur*

Zurechtweisung, zur Besserung, zur Erziehung in der Gerechtigkeit, dass der Mensch Gottes vollkommen sei, zu allem guten Werk geschickt.« (2. Timotheus 3,16+17) Die Schrift nützt und bewirkt etwas, sie erzielt eine Wirkung bei denen, die sich damit auseinandersetzen und sich von ihr beschenken lassen. Inspiration zeigt sich – ausgehend von diesem Vers – nicht in ihrer fehlerlosen Entstehung, sondern in ihrer zeitlosen Wirkung! Ich glaube also nicht an die Irrtumslosigkeit der Schrift, wenn ich von ihrer Inspiration spreche, sondern an ihre göttliche Wirksamkeit und inspirierende Kraft durch alle Generationen, Sprachen, Kulturen, Lebensphasen, soziale Schichten, Altersgruppen oder Bildungsgrade hindurch! Welches andere Buch der Welt kann solch eine Wirkungsgeschichte vorweisen? Ab jetzt ist es nicht entscheidend, ob alle Texte dieser Heiligen Schrift historische Tatsachen beinhalten, ein Gedicht, ein Lied, eine erfundene Geschichte, eine Übertreibung oder antikes Weltbild abbilden. Egal was der Inhalt ist – die Inspiration der Bibel hat zur Folge, dass genau diese Texte seit 2.000 Jahren wirken und Leben schenken.

Inspiration zeigt sich nicht in ihrer fehlerlosen Entstehung, sondern in ihrer zeitlosen Wirkung!

Da der Begriff »theopneustos« nur an dieser Stelle vorkommt und auch außerhalb des Neuen Testaments nur spärlich zu finden ist, scheint es ein Kunstbegriff des Paulus zu sein. Die Schrift ist gottgehaucht. Man könnte auch sagen, dass Gott in die Schrift hineinhaucht. Für die Kenner der Heiligen Schrift eröffnete sich damit eine klare Assoziation: das Einblasen des Lebensatems in den aus Erde geformten Menschen bei der Schöpfung. *»Da nahm Gott, der HERR, etwas Staub von der Erde, formte daraus den Menschen und blies ihm den Lebensatem in die Nase. So wurde der Mensch ein lebendiges Wesen.«* (1. Mose 2,7 HfA). So wie Gott bei Adam in die tote Materie seinen Geist eingeblasen hat und dadurch Leben entstand, so entsteht aus toten Buchstaben durch das Einblasen des Geistes etwas Lebendiges, das göttliches Leben und Weisheit an all diejenigen weitergibt, die sich dieser Heiligen Schrift aussetzen. Seit dem Einblasen des Lebensatems hat der Mensch eine Wirkung auf diesem Planeten. Genauso wirkt seit dem Einblasen des Geistes die Schrift. Das ist es, was Paulus im Korintherbrief meint, wenn er schreibt: »*... sondern dass wir tüchtig sind, ist von Gott, der uns auch tüchtig gemacht hat zu Dienern des neuen Bundes, nicht des Buchstabens, sondern des Geistes. Denn der Buchstabe tötet, aber der Geist macht lebendig.*« (2. Korinther 3,5–6 LUT). Die Schrift selbst, Buchstaben und Tinte auf dem Papier, bringen kein Leben hervor. Das ist tote Materie. Inspiration bedeutet, dass Gott diesen toten Buchstaben Leben einhaucht und sie dadurch Kraft haben, Wirkung erzielen und Transformation bewirken.

Wahrheit als Weisheit verstehen

Um zu neuer Glaubenskraft und geistlicher Leidenschaft durchzudringen, war für mich das Wörtchen »und« von besonderer Bedeutung. Durch meine evangelikale Vergangenheit war ich von einem radikalen Entweder-oder geprägt. Entweder es verhält sich so oder es verhält sich so – es kann nicht beides gleichzeitig gelten. Entweder dieses ist die Wahrheit oder jenes – es kann nicht beides wahr sein. Entweder ich muss diese Texte so auslegen oder anders – beides kann nicht richtig sein.

Wahrheit war für mich identisch mit Eindeutigkeit und Klarheit. Alles Mehrdeutige, Unklare oder Widersprüchliche war automatisch der Feind biblischer Wahrheit. Das hat mir zwar theologische Sicherheit verliehen, aber auch meinen Horizont und meinen Glauben verengt. Ständig hat dieses Streben nach Eindeutigkeit und Fehlerlosigkeit dafür gesorgt, dass ich bestimmte Erkenntnisse oder Einsichten ausscheiden oder ausschließen musste. Ich bin geistlich und theologisch verarmt, um Klarheit und scheinbare Wahrheit zu gewinnen. Aber woher kommt dieses Entweder-oder-Denken? Ist es ein Denken, das in Bezug auf die Bibel angemessen ist? Woher kommt der Gedanke, dass Wahrheit dasselbe ist wie Eindeutigkeit?

Wirft man einen Blick auf die jüdische Art der Bibelauslegung im Talmud, entdecken wir ein ganz anderes Vorgehen. Dort steht im Vordergrund, die Fülle der rabbinischen Weisheit festzuhalten. Und so kommt es, dass unterschiedliche und zum Teil widersprüchliche Auslegungen zu einzelnen Bibelstellen aufgenommen wurden, statt diese Vielfalt der Eindeutigkeit zu opfern. Die jüdische Gelehrte Edna Brocke sagt: *»Allein im Talmud – nehmen wir jetzt nur den babylonischen Talmud – können Sie zu verschiedenen Themen und zu verschiedenen Formen, die in der Tora schriftlich vorliegen, gegensätzliche Interpretationen finden, die im Laufe der Jahrhunderte einfach entstanden sind.«*

Dieses Miteinander der Überzeugungen braucht ein Umdenken – besser ein »Und-Denken«. Das Wörtchen »und« verbindet Sichtweisen, Herangehensweisen, Standpunkte und Überzeugungen, zwischen denen zuvor ein Graben bestand. Anstatt mich für eine Seite entscheiden zu müssen, darf ich von der Weisheit verschiedener Sichtweisen profitieren. Es geht also weniger darum, die eindeutige Wahrheit zu entdecken, als vielmehr darum, sich auf die vielfältige Weisheit einzulassen. Bei diesem Ansatz weitet sich der Horizont, die Fülle kommt zurück, und wir können akzeptieren, dass die Wahrheit breiter, bunter, vielfältiger und auch zwiespältiger ist, als wir dachten.

Es geht also weniger darum, die eindeutige Wahrheit zu entdecken, als vielmehr darum, sich auf die vielfältige Weisheit einzulassen.

Die Bibel ergänzt sich selbst

In der Bibel selbst finden sich ergänzende Aussagen. Gott mutet uns offensichtlich ein spannungsvolles Miteinander gewisser Aussagen oder Sachverhalte zu. Es gehört gerade zum inspirierenden Charakter der Heiligen Schrift, dass sich Dinge gegenseitig korrigieren und damit ein Gleichgewicht hergestellt wird. Wer die Bibel vor allem irrtums- und fehlerlos lesen möchte, steht in der Gefahr, die ausgleichende und korrigierende Wirkung biblischer Texte zu eliminieren.

Ein paar Beispiele verdeutlichen diese ergänzenden und korrigierenden Aussagen der Bibel:

Gerechtigkeit allein durch Glauben?

Sehr deutlich bringt Paulus im Römerbrief zum Ausdruck, dass wir aus Glauben gerecht gesprochen werden. Werke tragen nichts zu unserer Gerechtigkeit bei: *»So halten wir nun dafür, dass der Mensch gerecht wird ohne des Gesetzes Werke, allein durch den Glauben.«* (Röm.3,28 LUT) Jakobus hingegen möchte die Bedeutung unseres Handelns herausstellen und spricht deswegen davon, dass wir durch Werke gerecht werden, nicht durch den Glauben allein: *»So seht ihr nun, dass der Mensch durch Werke gerecht wird, nicht durch Glauben allein.«* (Jak.2,24 LUT) Beide Texte setzen sehr unterschiedliche Akzente. Für Martin Luther waren diese Aussagen des Paulus und Jakobus so spannungsvoll, dass er in seiner Vorrede zum Neuen Testament den Jakobusbrief als »stroherne Epistel« bezeichnete, die nur von geringem Wert sei.[39] Wer für seinen Glauben Eindeutigkeit braucht, der wird immer wieder über solche selbstkorrigierenden oder ausgleichenden Aussagen stolpern.

Gott oder Satan?

In den Samuelbüchern wird die Versuchung Davids, das Volk zählen zu lassen, Gott zugeschrieben: »*Und der Zorn des HERRN entbrannte abermals gegen Israel, und er reizte David gegen sie und sprach: Geh hin, zähle Israel und Juda!*« (2. Samuel 24,1 LUT) In den Chronikbüchern wird dieselbe Geschichte erzählt, hier wird allerdings die Versuchung Davids dem Satan zugeschrieben: »*Und der Satan stellte sich gegen Israel und reizte David, dass er Israel zählen ließe.*« (1. Chronik 21,1 LUT) Durch die babylonische Gefangenschaft änderten sich im Judentum einige theologische Grundeinsichten, die zu dieser Präzisierung in den Chronikbüchern führten. Der Gedanke, dass Gott David zur Volkszählung reizte und ihn dann später genau dafür bestrafte, wird in den Chroniktexten dahingehend korrigiert, dass diese Versuchung Davids in Wirklichkeit vom Satan ausging.[40]

Sprüche oder Prediger?

Besonders deutlich wird die ergänzende Wirkung zwischen

---

39 Luther schreibt: »*In Summa: das Evangelium des Johannes und sein erster Brief, die Briefe des Paulus, insbesondere der an die Römer, Galater, Epheser und der erste Brief des Petrus, das sind die Bücher, die dir Christus zeigen und dich alles lehren, was dir zu wissen not und selig ist, ob du schon kein ander Buch und Lehre nimmer sehest noch hörest. Darum ist der Jakobusbrief eine rechte stroherne Epistel gegen sie; da er doch keine evangelische Art an sich hat. Doch davon weiter in andern Vorreden.*« (Aus Martin Luther, Vorrede zum Neuen Testament, https://www.luther2017.de/martin-luther/texte-quellen/vorrede-zum-neuen-testament/index.html).

40 Eine ausführliche Erklärung dieser Bibelstellen findet sich in meinem Buch »Wenn der Glaube nicht mehr passt« (S. 80 ff.).

den Büchern Sprüche und Prediger im Alten Testament sichtbar. Beide Bücher werden König Salomo zugeordnet, wobei besonders in den Sprüchen deutlich wird, dass das Buch redaktionell bearbeitet und Weisheitssprüche verschiedener Autoren zusammengestellt wurden.

Das Buch Sprüche schildert über weite Teile einen klaren Tun-Ergehen-Zusammenhang. Einem bestimmten Tun folgt ein bestimmtes Ergehen. Was der Mensch sät, das wird er ernten. Aktion und Reaktion stehen in einem logischen Zusammenhang. Diese Idee wird in vielen Versen deutlich. Hier nur ein paar Beispiele:

- Sprüche 13,21: *»Die Sünder werden von Unheil verfolgt; / wer Gott gehorcht, wird mit Glück belohnt.«*
- Sprüche 11,8: *»Der Gerechte wird aus Bedrängnis befreit, / der Gottlose kommt stattdessen hinein.«*
- Sprüche 19,23: *»Jahwe zu fürchten ist gut zum Leben: / Satt und zufrieden verbringt man die Nacht / und wird nicht von Unglück berührt.«*

Mit bestechender Eindeutigkeit wird in den Sprüchen immer wieder geschildert, dass es dem Gerechten gut ergeht, während der Gottlose von Unglück verfolgt wird. Das ganze Leben wird auf eine einfache Gleichung reduziert: Sei gut und es geht dir gut! Nun machen Menschen aber zu allen Zeiten die Erfahrung, dass das Leben nicht so einfach und eindeutig ist. Zu oft erleiden auch gerechte Menschen Schicksalsschläge und Gottlose leben im Luxus. So simpel wie in den Sprüchen ist es wohl nicht. Genau das bringt der Prediger zum Ausdruck, dessen Aussagen spannungsvoll zu den Sprüchen stehen, aber gleichzeitig Korrektur und Gleichgewicht in die biblische Offenbarung hineinbringen. Auch hierzu einige Beispiele:

- Prediger 8,14: »*Trotzdem geschieht viel Sinnloses auf der Erde. Da gibt es Gerechte, denen es so ergeht, wie Verbrecher es verdienen, und es gibt Verbrecher, denen es so geht, als hätten sie immer das Rechte getan. Ich dachte: Auch das ist nichtig.*«
- Prediger 7,15: »*Einiges habe ich beobachtet in meinem nichtigen, flüchtigen Leben. Da ist ein Gerechter, der in seiner Gerechtigkeit zugrunde geht, und da ist ein Ungerechter, der in seiner Bosheit lange lebt.*«
- Prediger 2,14 f.: »*Der Weise hat seine Augen im Kopf, aber der Tor geht in der Finsternis; und ich merkte doch, dass es dem einen geht wie dem andern. Da dachte ich in meinem Herzen: Wenn es denn mir geht wie dem Toren, warum hab ich dann nach Weisheit getrachtet?*«

Die Lebendigkeit und Wirksamkeit der Schrift sorgen dafür, dass ich mit ihr in Beziehung treten kann.

Das Lesen biblischer Texte erfordert es, Spannungen auszuhalten, widersprüchliche Aussagen in den Glauben zu integrieren und das Vertrauen in Gott und die Heilige Schrift nicht aus deren Eindeutigkeit und Spannungsfreiheit abzuleiten. Dadurch wird die Bibel eine Einladung zum Dialog, zum Gespräch miteinander und mit Gott. Die Lebendigkeit und Wirksamkeit der Schrift sorgen dafür, dass ich mit ihr in Beziehung treten kann.

Mündige Gesprächspartner

Hier hat sich meine Einstellung zur Bibel entscheidend verändert. Viele Jahre hatte ich zur Bibel ein Verhältnis wie ein Untertan zu seinem Herrn. Ich habe vor ihr gekniet, den Blick gesenkt, sie hat zu mir gesprochen, und ich habe ihr nicht widersprochen. Inzwischen bin ich in ein Gespräch mit ihr eingetreten, in einen lebendigen Austausch, und ich darf ihr meine Fragen stellen. Seither redet sie in neuer Art und Weise zu mir. Aus reiner Unterordnung wurde Dialog. An diesem Punkt setzt die Kritik der Konservativen an, die den Progressiven vorwerfen, sich nicht mehr der Bibel unterzuordnen. Aber meine Haltung der Unterordnung und des Gehorsams richtet sich auf Gott und Jesus Christus und nicht auf ein Buch. Es ist eine unheilvolle Verkürzung, alles, was Gott betrifft und was wir von ihm wissen können, zwischen zwei Buchdeckel gepackt zu haben. Gott ist zunächst einmal mehr als seine Worte, so wie auch ein Mensch mehr ist als seine Worte. Worte sind ein entscheidender Teil von uns und spiegeln uns wider, aber wir sind mehr als unsere Worte. Außerdem sind Gottes Worte mehr als die Bibel. Die Bibel ist nur ein kleiner Teil seines Redens. Bibel heißt nichts anderes als Buch. Wir sollen uns nicht einem Buch unterwerfen, sondern Gott. Mit der Bibel sollte hingegen rege Kommunikation herrschen. Gott will uns durch die Bibel nicht zu blinden Befehlsempfängern machen, sondern zu mündigen Partnern. Darum halte ich ein jüdisches oder rabbinisches Schriftverständnis für wesentlich zielführender als das konservativ-evangelikale. Daniel Neumann, Autor und Mitglied im Präsidium des Zentralrats der Juden in Deutschland, schreibt: *»Der Jude ist im Verhältnis zu G'tt nicht nur Diener, Untergebener oder Befehlsempfänger, sondern verfügt – zumindest im Idealfall – auch über ausgeprägte intellektuelle Fähigkeiten, emotionale Reife und ein gesundes Selbstbewusstsein: Eigenschaften, die ihn gegenüber seinem Schöpfer zu einem selbstbestimmten, kritisch denkenden Wesen machen, das gerade auch in religiösen Fragen befähigt ist, durchdachte und reiflich abgewogene Entscheidungen auf der Grundlage des himmlischen Gesetzeskodexes zu treffen.«*

Der Schlangenofen

Dieses jüdische Schriftverständnis lässt sich durch eine Geschichte aus dem Talmud verdeutlichen. Bekannt wurde sie unter dem Titel »Der Schlangenofen«.[41]

Einst bereiteten Juden ihr Essen vorwiegend unter freiem Himmel zu. Dafür benötigten sie koschere Kochutensilien. Getöpferte Behälter oder Öfen konnte man im Gegensatz zum heutigen Glasgeschirr allerdings nicht mehr koscher machen, wenn sie erst einmal unrein geworden waren. Stattdessen mussten sie komplett zerschlagen werden. Doch eines Tages kam ein findiger Kopf auf die Idee, einen Ofen zu entwickeln, der bereits vor der Benutzung zerschlagen worden war: eine recycelbare Backstation sozusagen. Diese kam in einzelnen Stücken, wurde mit Lehm an den Bruchstellen aufgefüllt, gebrannt und so funktionsfähig gemacht. Wenn dieser Ofen nun unrein wurde, nahm man ihn mit wenig Aufwand auseinander, setzte ihn anschließend mithilfe von Lehm wieder zusammen, brannte ihn erneut – und schon hatte man einen neuen, rituell reinen Ofen hergestellt. Rabbi Elieser ben Hyrkanos fand diese Idee wunderbar, während die anderen Weisen dem Vorschlag eine Absage erteilten, weil man es sich damit viel zu einfach mache. Im Laufe einer heftigen Debatte im örtlichen Lehrhaus deutete Rabbi Elieser auf einen Baum und rief: »Wenn ich recht habe, dann wird es dieser Baum bezeugen.« In diesem Moment hob sich der Baum, der im Vorgarten des Lehrhauses stand, wie von Geisterhand aus der Erde heraus und schoss 100 Fuß gen Himmel … Woraufhin die Weisen antworteten: »Wir diskutieren hier über Kochgegenstände, Behältnisse und Unreinheit. Was hat denn der Baum mit unserer Diskussion

---

41 Nachzulesen im Talmud: Bava Metzia 59b, online unter https://www.sefaria.org/Bava_Metzia.59b.
Hier ist sie von Daniel Neumann nacherzählt.

zu tun?« Daraufhin meinte Elieser: »Sollte ich recht haben, dann wird der Fluss dies beweisen«, und mit einem Mal änderte der Fluss die Laufrichtung des herabströmenden Wassers. Plötzlich floss es bergauf und nicht mehr bergab, woraufhin die Weisen sagten: »Du kannst mithilfe eines Flusses keinen Beweis für die Richtigkeit deiner Meinung erbringen.« Elieser rief daraufhin: »Wenn ich recht habe, dann sollen die Wände dieses Lehrhauses es beweisen«, und in dem Moment begannen sich die Wände kräftig nach innen zu neigen. Da stand Rabbi Jehoschua auf und rief: »Ihr Wände! Was geht es euch an, wenn wir Rabbiner uns streiten?«, und aus Respekt vor ihm stürzten sie nicht vollständig ein ... Schließlich erklärte Rabbi Elieser: »Wenn ich recht habe, dann wird es eine himmlische Stimme beweisen!« Da erschallte die Stimme G'ttes und rief: »Was habt ihr gegen Rabbi Elieser? Ihr wisst doch bestimmt, dass er in jedem einzelnen Fall recht hat und das Gesetz sich stets nach seiner Ansicht richtet.« Woraufhin Rabbi Jehoschua aufstand, zum Himmel blickte und erwiderte: »Die Tora ist nicht im Himmel (5. Buch Mose 30,12). Du hast uns die Tora schon gegeben, Ewiger, und in ebendieser Tora steht geschrieben, dass sie nicht mehr im Himmel ist, sondern auf Erden. Hier wird durch die demokratische Mehrheit entschieden (2. Buch Mose 23,2). Und die Mehrheit hat sich gegen Rabbi Eliesers Meinung gewandt!« G'tt und Rabbi Elieser wurden damit von einem halben Dutzend anderer Rabbiner glatt überstimmt. Die demokratische Mehrheit hat gewonnen. Doch damit ist die Erzählung noch nicht zu Ende! Der Talmud berichtet im Anschluss an diese Ereignisse von einer Begegnung zwischen einem der beteiligten Rabbis und dem Propheten Elijahu. Der Rabbi fragte Elijahu, wie G'tt denn reagiert habe, nachdem er von seinen Kindern überstimmt worden war, woraufhin Elijahu antwortete: »Er hat fröhlich gelacht und gesagt: Meine Kinder haben mich besiegt, meine Kinder haben mich besiegt!«

Diese Geschichte aus dem Talmud macht deutlich, wie sehr Gott mit seinen Kindern über die Heilige Schrift ins Gespräch kommen möchte. Er schätzt ihre geistliche und intellektuelle Kühnheit, und wie ein stolzer Vater erkennt er an, dass seine Kinder zu eigenständigen, mutigen und kritischen Geistern gereift sind. Kraftvoll führt die Geschichte laut Neumann vor Augen, »dass es Gott aus jüdischer Perspektive nicht darum geht, unterwürfige, abhängige und geistig verarmte Wesen zu erschaffen, die ihm wie Schafe folgen, sondern selbstbewusste und emanzipierte Partner, die ihm bei der Vervollkommnung der Welt zur Seite stehen.«

Gott geht es aus jüdischer Perspektive nicht darum, unterwürfige, abhängige und geistig verarmte Wesen zu erschaffen, die ihm wie Schafe folgen, sondern selbstbewusste und emanzipierte Partner, die ihm bei der Vervollkommnung der Welt zur Seite stehen.

Binden und Lösen

Jesus selbst hat uns diesen mündigen Umgang mit der Heiligen Schrift aufgetragen. Er sagte zu seinen Jüngern: *»Ich sage euch: Alles, was ihr auf der Erde binden werdet, wird im Himmel gebunden sein, und alles, was ihr auf der Erde lösen werdet, wird im Himmel gelöst sein.«* (Matthäus 18,18 NGÜ)[42] Was meint diese Bibelstelle? »Binden und lösen« war ein rabbinischer Fachausdruck. Es ist die Übersetzung zweier griechischer, beziehungsweise ursprünglich hebräischer Worte. Sie bedeuten tatsächlich

---

42 Vgl. Jesu Aussage zu Petrus: *»Ich werde dir die Schlüssel des Himmelreichs geben; was du auf der Erde bindest, das wird im Himmel gebunden sein, und was du auf der Erde löst, das wird im Himmel gelöst sein.«* (Matthäus 16,19 NGÜ)

binden und lösen, also losbinden oder auflösen. Aber es ging nicht darum, irgendetwas fest- oder loszubinden, sondern es ging darum, etwas zu erlauben oder zu verbieten. Wenn die Schriftgelehrten binden oder lösen, dann erklären sie etwas für verboten beziehungsweise für erlaubt.[43] Und jetzt hat Jesus diese Aufgabe des Bindens und Lösens seinen Jüngern übertragen.

Warum ist diese Aufgabe wichtig? Warum sollen die Apostel festlegen können, ob etwas erlaubt oder verboten ist? Es gibt so etwas wie eine Ethik Gottes, Werte des Himmels. Das, was für Gott gut und lobenswert und vorbildlich ist. Jesus Christus ist die lebendige Ethik Gottes. An seinem Leben, Reden und Handeln können wir die Ethik Gottes ablesen. Daraus, also aus seinem innersten Herzen heraus, hat Jesus konkrete Handlungsanweisungen und Gebote formuliert. Manchmal im Widerspruch zu bisher gültigen Geboten, die nicht oder nicht mehr die Ethik Gottes zum Ausdruck gebracht haben. Nun war Jesus aber nur bis zu seiner Himmelfahrt auf dieser Erde, um den Menschen unmissverständlich mitzuteilen, was erlaubt und verboten ist. Später tauchten aber Fragen in der Christenheit auf, zu denen sich Jesus nicht geäußert hatte. Und jetzt mussten die Apostel auf der Grundlage des Lebens und der Lehre Jesu, also der Ethik Gottes, binden und lösen. Sie mussten Entscheidungen treffen, ob bestimmte Dinge erlaubt oder verboten

---

43 Vgl. Hermann Strack und Paul Billerbeck zu Matthäus 16,19: »*Hier ist noch einmal auf den rabbin. Sprachgebrauch zurückzugreifen. (Die hebr. Verben) bedeuten nicht bloß ›den Bann verhängen‹, bezw. ›aufheben‹, sondern vor allem auch (in halakhischen Lehrentscheidungen) ›verbieten‹ u. ›erlauben‹. Die Schriftgelehrten ›binden‹, bezw. ›lösen‹, d.h. sie erklären etwas für verboten, bezw. für erlaubt. ... Wenn Petrus als Gottes Hausverwalter berufen war, die Disziplinargewalt im Hause Gottes auszuüben, so musste er auch in der Lage sein, in jedem Fall autoritativ zu entscheiden, was nach der göttlichen Hausordnung im Reiche Gottes Rechtens u. was nicht Rechtens sei, was als erlaubt u. was als verboten zu gelten habe.*«

waren. So war es bisher einem jüdischen Menschen verboten, in das Haus eines Heiden zu gehen, geschweige denn mit ihm zu essen. Nun möchte aber ein heidnischer Hauptmann den Glauben an Jesus kennenlernen, das Evangelium hören und lädt daher Petrus ein, ihn zu besuchen. Dieser Besuch eines Heiden in seinem Haus war nach jüdischem Verständnis verboten. Schaut man sich aber die Ethik Jesu an, also sein innerstes Herz, seinen Wunsch, dass alle Menschen gerettet werden, dann erkennt man, dass dieses Gebot gelöst werden muss: Es ist nicht länger gültig. Die Jünger dürfen zu den Heiden gehen und ihnen das Evangelium verkünden.[44]

Noch dramatischer wurde es, als sich eine große Zahl von Heiden für den christlichen Glauben entschied. Für alle bisherigen Gläubigen (und das waren alles Juden) war klar, dass sie sich weiterhin an die alttestamentlichen Gebote, die Feiertage, den Sabbat und die jüdischen Feste halten würden. So war es auch an vielen Stellen des Alten Testaments geboten. Einige eifrige Judenchristen reisten nun in die heidnischen Städte, um die neuen Jünger auf die Tora und die alttestamentlichen Gebräuche einzuschwören. Es entbrannte eine heftige Diskussion über die Frage: Müssen sich die Heidenchristen, die keinen jüdischen Hintergrund haben, an die Gebote und Regeln der Tora halten oder nicht? Ist sie für sie gültig? Das war eine Frage von ungeheurer Tragweite und Bedeutung. Sie hatte Signalwirkung für die ganze Welt. Das Schicksal der Tora stand auf dem Spiel. Jetzt mussten die Apostel binden oder lösen. Und sie taten das nicht leichtfertig. Das 15. Kapitel der Apostelgeschichte erzählt von diesem Prozess. Es gab Anhörungen, Verhandlungen, Gespräche, Auseinandersetzungen, Diskussionen und viel Gebet um die Gegenwart des Heiligen Geistes. Und am Ende

44 Vgl. Apostelgeschichte 10

der Verhandlungen haben die Apostel ihre Verantwortung des Bindens und Lösens wahrgenommen. Sie formulierten ihre auf Erden getroffene Entscheidung in einem Brief an alle heidnischen Gemeinden: »*Die Apostel und die Ältesten der Gemeinde von Jerusalem an die nichtjüdischen Geschwister in Antiochia und in ganz Syrien und Zilizien: Wir, eure Brüder, grüßen euch herzlich! ... Der Heilige Geist selbst und unter seiner Führung auch wir haben nämlich beschlossen, euch nur die folgenden unbedingt nötigen Anweisungen zu geben und euch darüber hinaus keine weitere Last aufzuerlegen: Esst kein Fleisch, das den Götzen geopfert wurde, unterlasst den Genuss von Blut und von nicht ausgeblutetem Fleisch und haltet euch fern von jeder Unmoral! Wenn ihr euch vor diesen Dingen in Acht nehmt, verhaltet ihr euch richtig. Und nun lebt wohl!*« (Apostelgeschichte15,23+28–29 NGÜ)

Die Apostel hatten entschieden, dass die Heiden die Traditionen und Gebote des AT nicht in ihren Alltag integrieren mussten (mit vier Ausnahmen). Genau das hat Jesus gemeint, als er Jahre zuvor seinen Aposteln sagte: »*Was ihr auf Erden binden werdet, soll auch im Himmel gebunden sein, und was ihr auf Erden lösen werdet, soll auch im Himmel gelöst sein.*« Aber die Verantwortung zu binden und zu lösen hörte dort nicht auf. Einige Jahrzehnte später hat der Apostel Paulus mit seinen Mitarbeitern die übrig gebliebenen Speisevorschriften des Apostelkonzils einkassiert. Er hat es Christen mit einem starken Gewissen erlaubt, Fleisch zu essen, das nicht den jüdischen Vorschriften entsprach.[45]

Diese Ausführungen über das Binden und Lösen machen deutlich, dass mit dem Geschenk der Heiligen Schrift auch eine Verantwortung verbunden ist. Es geht nicht um blinden Gehorsam und stumpfes Abknicken, sondern um einen verant-

---

45 Siehe 1. Korinther 10,25 ff.

wortungsvollen Umgang mit den biblischen Texten, die uns bis heute zu einem Leben und Handeln inspirieren wollen, die das Wesen Jesu widerspiegeln und die Werte des Himmels auf der Erde sichtbar machen.

Inspiration der Bibel in wenigen Worten

Die Inspiration der Bibel zeigt sich nicht in ihrer Entstehungsgeschichte oder Irrtumslosigkeit. Ihre inspirierende Kraft offenbart sich vielmehr in ihrer Wirkungsgeschichte. Seitdem die Texte der Bibel gelesen werden, redet Gott durch sie und verändert, ermutigt und tröstet diejenigen, die sich auf dieses Buch einlassen. Es geht nicht um den Buchstaben der Schrift, sondern um den Geist, der diesen Texten Lebendigkeit verleiht und dazu einlädt, in einen lebendigen Dialog mit ihnen zu treten.

Teil 2 Geisterfüllt leben

Praktische und theologische Einsichten für ein Leben aus der Kraft des Heiligen Geistes

5. Aus der Kraft des Geistes leben

Welchen Unterschied ein Leben aus der Kraft des Heiligen Geistes macht, erfuhr ich in meiner Teenagerzeit. Nach meiner Hinwendung zu Jesus im Alter von 13 Jahren war mein Christsein vor allem vom Nachahmen anderer geprägt. Gläubige Freunde und die Leiter meines Bibelkreises wurden zu meinen Vorbildern, deren Glaubensüberzeugungen und -praxis ich teilen wollte. Sie waren es auch, die mir vom Heiligen Geist und seinen Gaben erzählten. Die Vorstellung vom Übernatürlichen und dem Eingreifen und Reden Gottes im Leben weckte mein Interesse. Wie ein trockener Schwamm sog ich alle Informationen auf, die ich dazu bekommen konnte. Das Buch »In der dritten Stunde« von Dennis Bennett führte mich in das Thema Geisttaufe und Zungenrede ein. Mit großer Sehnsucht streckte ich mich nach dem Heiligen Geist in meinem Leben aus. Einige Wochen später erlebte ich tatsächlich so etwas wie eine Geistestaufe und konnte in anderen Sprachen reden. Die weitaus größere Veränderung aber war meine Beziehung zu Gott selbst. Von nun an hatte ich den Eindruck, dass die Bibel direkt zu mir sprach, ich spürte innere Impulse in meinem Alltag und erlebte Gottes Reden, Führung, Ermahnung und Ermutigung in meinem Herzen. Mein Glaube hatte eine Lebendigkeit, Unmittelbarkeit, Leidenschaftlichkeit, Relevanz und Kraft bekommen, die ich bis heute nicht missen möchte.

Gott widersteht den Hochmütigen

Während meines Theologiestudiums in Basel war ich in einer charismatischen Gemeinde im Dreiländereck wie etwa zehn andere meiner Kommilitonen auch. Gegen Ende des Studiums war klar: Wir können nicht alle Pastoren in dieser Gemeinde werden. Entweder man arbeitet ehrenamtlich mit und wählt einen weltlichen Beruf oder man verlässt die Gemeinde und übernimmt woanders eine Pfarrstelle. Ich entschied mich, mit drei anderen Ehepaaren eine neue Gemeinde in Basel zu gründen. Wir hatten das Gefühl, dass die Zeit dafür reif war. Basel brauchte uns, unsere Überzeugungen, Spiritualität, Energie und Theologie. Und so starteten wir 1993 mit viel Elan und einer großen Vision diese Gemeinde. Sie bekam den verheißungsvollen Namen »Gemeinde 2000«. Wir hatten die Überzeugung, bis zum Jahr 2000 auf 2.000 Mitglieder zu wachsen. Zu Beginn waren wir 12 Erwachsene und 16 Kinder. Sofort mieteten wir uns in den Räumlichkeiten einer anderen Gemeinde ein und begannen mit Gottesdiensten am Sonntagmorgen. Aber dann erlebten wir die nächsten eineinhalb Jahre, dass niemand zu unserer Gemeinschaft dazustieß. Wenn sich jemand in unseren Gottesdienst verirrt hatte, kam er einmal und dann nie wieder. Der Tiefpunkt war ein Gottesdienst, in dem ich mit einem Freund die Anbetung leitete. Von Anfang an waren nicht viele gekommen. Und während des Gottesdienstes musste die eine ihr Baby wickeln, der andere die Parkuhr umstellen, wieder ein anderer auf die Toilette und so weiter. Als ich dann während meinem hingebungsvollem Worship die Augen öffnete, war außer mir und meinem Freund niemand mehr im Raum. Wir spielten vor einem leeren Saal. Spätestens jetzt wurde mir bewusst, wie lächerlich das Ganze war. Ich hatte den Eindruck, die Aussage von 1. Petrus 5,5b hautnah zu erleben: *»Gott widersteht den Hochmütigen, aber den Demütigen gibt er Gnade.«* (LUT)

Meine Vision war so von Stolz, Arroganz und Selbstüberschätzung geprägt, dass dieses ganze Unterfangen zum Scheitern verurteilt war. Gott musste mir widerstehen! Ich erkannte, dass meine eigenen Fähigkeiten und Gaben, von denen ich sicherlich einige habe, ohne Gottes Geist, Kraft und Gnade nicht sonderlich wirksam sind. Ich zog die Konsequenz, mich weniger auf meine Fähigkeiten zu verlassen, mich nicht selbst für klug zu halten und Hilfe in Anspruch zu nehmen. Wir wurden Teil der Vineyard-Bewegung und ließen uns als Leitungsteam coachen und begleiten. Interessanterweise begann die Gemeinde plötzlich zu wachsen. Wir machten die gleiche Art von Lobpreis, ich hielt die gleichen Predigten – aber plötzlich trug unser Einsatz Früchte. Für mich war das eine wichtige Lebenslektion. Wenn es um das Reich Gottes geht, sind unsere Gaben, Fähigkeiten und Kompetenzen wichtig. Aber ohne Gottes Gnade und Kraft sind sie wirkungslos. Ich möchte nicht ohne Gottes Geist am Reich Gottes mitbauen. In meinem persönlichen Glaubensumzug ist das eines der Dinge, die ich mitgenommen habe: die Wichtigkeit des Heiligen Geistes in meinem Leben, Glauben und Dienst. Ich glaube nach wie vor, dass der Heilige Geist der entscheidende Faktor unserer Christusnachfolge ist. Er ist die transformative Kraft, die unser Leben tatsächlich verändern kann. Er ist für mich eine enorme Quelle der Weisheit, des Trostes, Friedens und der Inspiration. Aspekte dieser transformativen Kraft habe ich in meinem Theologiestudium erlebt, meinem Umgang mit der Bibel, in den Tiefen meiner Zerbruchserfahrungen, in seelsorgerlichen Herausforderungen als Pastor oder in unerwarteten Begegnungen mit Menschen.

Ich glaube nach wie vor, dass der Heilige Geist der entscheidende Faktor unserer Christusnachfolge ist. Er ist die transformative Kraft, die unser Leben tatsächlich verändern kann.

Geisterfüllte Nachfolge

Natürlich habe ich im Bereich der Charismatik und Pfingsttheologie auch schwierige Erfahrungen gemacht. Überzogene Erwartungen, einseitiges Schriftverständnis, Fixierung auf das Übernatürliche und ungesunde Kausalzusammenhänge haben zu viel Frustration und Ernüchterung geführt. Ich bin auf so viel ungesunde Theologie und höchst bedenkliche Praxis gestoßen, dass ich mich eine Zeit lang regelrecht von diesem Thema verabschieden musste. Erst aus der Distanz gelang mir ein neuer Zugang zur Kraft und zum Wirken des Heiligen Geistes. Zuvor hatte mich schon der Aufruf zu einem Heilungsgebet getriggert. Wie schon in der Einleitung beschrieben, gibt es hier bei vielen Christen Bruchlinien. Ihr Glaube entwickelt sich progressiv, sie entfernen sich dabei aber von einem geisterfüllten Leben. Und doch begegnen mir immer mehr postevangelikale Christen, die das als eine Verarmung ihres Glaubens erleben. Sie finden nicht zu einer lebendigen, transformativen Spiritualität zurück. Es wachsen zwar neue theologische Überzeugungen und doch bleibt eine innere Distanz zur Bibel, zu Gott oder zu seinem Geist. Man hat gewagt, sich aus der Bevormundung eines engen Glaubens zu befreien, hat die eigene Entwicklung ein Stück weit selbst in die Hand genommen und ist am Ende in der Emanzipation des Glaubens steckengeblieben. Man hat die erste Naivität gegenüber dem Geist oder dem Übernatürlichen hinter sich gelassen, aber nicht zu einer zweiten Naivität zurückgefunden. Mir ist bewusst geworden, dass die Weiterentwicklung meines Glaubens kein rein intellektueller Prozess sein darf. Er muss meine Emotionen und Spiritualität einbeziehen. In diesem zweiten Buchteil möchte ich daher auf Themen eingehen, die

Immer mehr postevangelikale Christen finden nicht zu einer lebendigen, transformativen Spiritualität zurück.

mir geholfen haben, eine lebendige Spiritualität zu pflegen und mich neu für die Person des Heiligen Geistes und seine Kraft zu öffnen.

Als Jesus Menschen in seine Nachfolge rief, hat er in vielen Predigten und Gleichnissen davon gesprochen, wie Nachfolge aussehen soll und ihnen vorgelebt, welche Auswirkungen und welche Kraft ein solches Leben hat. Er hat Kranke geheilt, Zeichen und Wunder getan, sich den Armen und Ausgestoßenen zugewandt, Feinde geliebt und Gedemütigte aufgerichtet. Er war sanftmütig und von Herzen demütig, hat sich selbst verleugnet und sein Kreuz auf sich genommen, Gottes Gerechtigkeit verwirklicht und der Ungerechtigkeit widerstanden. Er tat nur, was er den Vater tun sah, fluchte nicht, als er litt und vertraute Gott zutiefst. Dabei überrascht er seine Jünger mit der Aussage: *»Lebt so, wie ich gelebt habe, und lehrt auch andere, das zu tun, was ich euch gezeigt und geboten habe.«*[46] Und nun geschieht etwas Grandioses: Jesu Jünger müssen nicht aus ihrer eigenen Kraft, mit ihren eigenen Ressourcen oder aus ihrer eigenen Willensstärke heraus diesen Weg der Nachfolge gehen. Der von Jesus geforderte Lebensstil ist nicht aus eigenen Mitteln zu verwirklichen. Darum sagt Jesus seinen Jüngern kurz vor seiner Himmelfahrt: *»Wartet, bis die Zusage des Vaters in Erfüllung geht, die ihr von mir vernommen habt: ›Johannes hat mit Wasser getauft, aber ihr werdet schon bald – in ein paar Tagen – mit dem Heiligen Geist getauft werden.‹«* (Apostelgeschichte 1,4 f. NeÜ). Im Lukasevangelium wird es so beschrieben: *»Und nun werde ich euch den Heiligen Geist senden, wie mein Vater es versprochen hat. Ihr aber bleibt hier in der Stadt, bis der Heilige Geist kommen und euch mit Kraft aus dem Himmel erfüllen wird.«* (Lukas 24,49 NLB)

---

46 Johannes 14,12; Matthäus 28,20

Mit der Ausgießung des Heiligen Geistes an Pfingsten hat sich das erfüllt, worauf die Jünger warten sollten. Der Heilige Geist wird zur Kraftquelle, Stärke und Energie, er setzt die notwendigen Ressourcen frei, hilft, die verborgenen Schätze im Innern zu heben und die angelegten Gaben zu aktivieren. Seither sorgt der Vater dafür, dass Jesus durch den Heiligen Geist in den Herzen seiner Kinder wohnt. Wo immer die Apostel hinkamen, stellten sie daher sicher, dass die neuen Jünger keinesfalls ohne die Kraft und das Wirken dieses Heiligen Geistes leben mussten.

- Beim Verhör vor dem Hohen Rat sprechen die Apostel in der Kraft und Weisheit des Heiligen Geistes. (Apostelgeschichte 4,8)
- Nach einer ersten Verfolgungswelle erbitten die Jünger in Jerusalem noch mehr Mut und Kühnheit, woraufhin alle Versammelten erneut vom Heiligen Geist erfüllt werden. (Apostelgeschichte 4,29–31)
- Bei der Auswahl der sieben Diakone für die Versorgung der Witwen machen sie sich auf die Suche nach Menschen, die voll Heiligen Geistes und Weisheit sind. (Apostelgeschichte 6,3)
- Als Samariter durch den Dienst des Philippus zu Jüngern werden, kommen die Apostel, um den neuen Christen die Hände aufzulegen und für ihre Erfüllung mit dem Heiligen Geist zu beten. (Apostelgeschichte 8,14–17)
- Als sich der äthiopische Finanzminister auf die Suche nach dem wahren Gott macht, ist es der Heilige Geist, der Philippus zu seinem Wagen führt. (Apostelgeschichte 8,29)
- Als Paulus zum Glauben findet, ist es Ananias, der ihm die Hände auflegt, damit er geheilt und mit dem Heiligen Geist erfüllt wird. (Apostelgeschichte 9,17)

- Als Petrus in das Haus des heidnischen Hauptmanns Kornelius geht, um ihm das Evangelium zu verkündigen, finden nicht nur er mit seinem ganzen Haus zum Glauben, sondern sie werden alle umgehend mit dem Heiligen Geist erfüllt. (Apostelgeschichte 10,44 ff.)
- Als von Antiochia aus die erste Missionsreise zu den Heiden unternommen werden soll, ist es der Heilige Geist, der Barnabas und Paulus zu diesem Dienst beruft und aussendet. (Apostelgeschichte 13,2+4)
- Selbst im Streit um wichtige theologische Grundlagen verpassen es die Apostel nicht, ihre Entscheidung zusammen mit dem Heiligen Geist zu treffen. (Apostelgeschichte 15,28)
- Und als Paulus nach Ephesus kommt, um den dortigen Jüngern das Evangelium noch genauer zu erklären, ist seine erste Frage, ob sie auch wirklich den Heiligen Geist empfangen hatten, nachdem sie gläubig geworden waren. (Apostelgeschichte 19,2)

Die Apostel hatten verstanden, welche Bedeutung der Heilige Geist für den Glauben hatte. Sie wussten, dass es seine Kraft braucht, um im Glauben voranzukommen, um wirklich etwas mit Gott zu erleben und den Segen der Nachfolge zu erfahren. Ohne diesen Geist bleibt Glaube eine Sache der eigenen Anstrengung, bei der uns auf Dauer die Puste ausgeht.

Ohne diesen Geist bleibt Glaube eine Sache der eigenen Anstrengung, bei der uns auf Dauer die Puste ausgeht.

Die Quelle der Kraft

In der Nachfolge Jesu geht es im Wesentlichen um Transformation, Veränderung und Wachstum menschlicher Herzen. Das führt zur Transformation eines gesamten Lebens. Dadurch verwandeln sich ganze Familien und Gemeinschaften. Es kann so weit gehen, dass sich eine Gesellschaft transformiert und eine Kultur verändert. Hier unterscheidet sich der christliche Glaube von anderen transformatorischen Ansätzen. Die Transformation beginnt nicht bei uns selbst, in unseren eigenen Möglichkeiten und Ressourcen. Wir sind nicht ihr Ausgangspunkt. Gott sendet seinen Geist, um diese Verwandlung in uns und durch uns zu verwirklichen. Und überall dort, wo Transformation geschieht, ist der Geist Gottes am Werk und offenbart sich seine Kraft. Geisterfülltes Leben heißt darum, aus der Kraft des Heiligen Geistes zu leben. Progressiver Glaube darf nicht zu einem kraftlosen Leben führen. Wenn progressiver Glaube aus dem Wirken und der Inspiration des Heiligen Geistes geboren ist, muss das Hand in Hand mit einem kraftvollen Leben gehen.

Wenn progressiver Glaube aus dem Wirken und der Inspiration des Heiligen Geistes geboren ist, muss das Hand in Hand mit einem kraftvollen Leben gehen.

Während des siebentägigen Laubhüttenfestes zur Zeit Jesu wurde jeden Tag eine Wasserspende im Tempel dargebracht. Jeden Morgen goss der dafür ausgeloste Priester ca. einen Liter Wasser auf dem Brandopferaltar in eine silberne Schale. Das Wasser stammte aus dem nahegelegenen Teich Siloah. Im Hintergrund stand die Verheißung aus dem Propheten Jesaja: *»Voller Freude sollt ihr Wasser schöpfen, Wasser aus den Quellen des Heils.«* (Jesaja 12,3 NeÜ) Da diese Wasserspende exklusiv beim Laubhüttenfest vollzogen wurde, stand das Volk stark unter dem Eindruck dieses Rituals.[47] So ist es wahrscheinlich,

---

47 Darauf weisen auch Hermann Strack und Paul Billerbeck in ihrem »Kommentar zum Neuen Testament aus Talmud und Midrasch« hin.

dass Jesus am Ende des Festes dieses Ritual aufgreift und es auf den Heiligen Geist bezieht: »*Am letzten Tag, dem größten Tag des Festes, trat Jesus vor die Menge und rief: ›Wer Durst hat, soll zu mir kommen und trinken! Wenn jemand an mich glaubt, werden aus seinem Inneren, wie es in der Schrift heißt, Ströme von lebendigem Wasser fließen.‹ Er sagte das im Hinblick auf den Heiligen Geist, den die empfangen sollten, die an Jesus glaubten.*« (Johannes 7,37–39 NGÜ) Ströme von lebendigem Wasser! Das meint nichts anderes als frisches Wasser, Trinkwasser. Trinkwasser ist eine absolute Grundlage des Lebens. Der Heilige Geist wird zur Quelle unserer Kraft und zur Grundlage unseres geistlichen Lebens. Geisterfülltes Leben ist ein Leben, das eine innere Kraftquelle besitzt, das immer wieder neue Energie bekommt, sich regeneriert und über Resilienz verfügt.

Äußerer und innerer Mensch

Während viele Menschen auf das Äußere fixiert sind, weiß Jesus um die Bedeutung des inneren Menschen. Dieser innere Mensch ist es, der gestärkt und gekräftigt werden muss. Hierin liegt eine der zentralen Aufgaben des Heiligen Geistes. Auch Paulus unterscheidet den inneren vom äußeren Menschen. Mit äußerem Menschen meint Paulus den Teil von uns, auf den das Leben, die Umstände und die Ereignisse treffen, also unseren Körper, unsere Leiblichkeit, die Sinne und Sinnesorgane, unsere Wahrnehmung.

Mit innerem Menschen meint Paulus hingegen den Teil von uns, der das Leben, die Umstände und Ereignisse deutet und interpretiert; der innere Mensch zieht Schlüsse aus dem, was dem äußeren Menschen widerfährt. Weil die Interpretationen des inneren Menschen unterschiedlich ausfallen, können Menschen die gleichen Erlebnisse machen und trotzdem unterschiedlich daraus hervorgehen. Man könnte auch sagen: Der äußere Mensch macht Erlebnisse, der innere Mensch Erfahrungen. Nun hat Paulus gelernt: Damit sein Glaube stark bleibt, muss er darauf achten, dass sein innerer Mensch stark bleibt; damit sein Glaube gesund bleibt, muss er darauf achten, dass sein innerer Mensch gesund bleibt. Im zweiten Korintherbrief spricht Paulus ausführlich über diesen äußeren und inneren Menschen:[48]

- Der äußere Mensch stößt auf Schwierigkeiten, aber der innere Mensch wird davon nicht erdrückt.
- Der äußere Mensch weiß nicht mehr weiter, aber der innere Mensch verzweifelt nicht.
- Der äußere Mensch wird angefeindet und verfolgt, aber der innere Mensch fühlt sich nicht einsam und verlassen.
- Der äußere Mensch wird zu Boden geworfen, aber der innere Mensch kommt dabei nicht um.
- Die Kraft des äußeren Menschen wird aufgerieben, aber der innere Mensch wird Tag für Tag erneuert.

---

48 »*Von allen Seiten dringen Schwierigkeiten auf uns ein, und doch werden wir nicht erdrückt. Oft wissen wir nicht mehr weiter, und doch verzweifeln wir nicht. Wir werden verfolgt und sind doch nicht verlassen; wir werden zu Boden geworfen und kommen doch nicht um. Tagtäglich erfahren wir am eigenen Leib etwas vom Sterben, das Jesus durchlitten hat. So wird an uns auch etwas vom Leben des auferstandenen Jesus sichtbar. ... Deshalb verlieren wir nicht den Mut. Mögen auch die Kräfte unseres äußeren Menschen aufgerieben werden – unser innerer Mensch wird Tag für Tag erneuert. Denn die Nöte, die wir jetzt durchmachen, sind nur eine kleine Last und gehen bald vorüber, und sie bringen uns etwas, was von unvergleichlich viel größerem Gewicht ist: eine unvorstellbare und alles überragende Herrlichkeit, die nie vergeht. So sind wir nicht auf das Schwere fixiert, das wir jetzt sehen, sondern blicken nach vorn auf das, was wir noch nicht gesehen haben. Denn die Sorgen, die wir jetzt vor uns sehen, werden bald vorüber sein, aber die Freude, die wir noch nicht gesehen haben, wird ewig dauern.*« (2. Korinther 4,8–10.16–18 NGÜ)

Zwei Kapitel später kommt Paulus darauf zurück und beschreibt diesen Sachverhalt nochmals in ähnlichen Worten.[49] Auch hier finden wir wieder den Unterschied zwischen äußerem und innerem Menschen:

- Äußerlich verkannt werden und sich innerlich doch von Gott anerkannt fühlen.
- Äußerlich sterben und schwach sein und innerlich lebendig und stark bleiben.
- Äußerlich misshandelt werden und innerlich dabei nicht umkommen.
- Äußerlich Kummer und Trauriges erleben und innerlich fröhlich bleiben.
- Äußerlich bettelarm sein und innerlich viele reich machen.
- Äußerlich nichts haben und innerlich erfüllt sein.

Paulus verfügt über Trotzkräfte. Ihm ist es offensichtlich gelungen, die Abhängigkeit des inneren vom äußeren Menschen zu durchbrechen. Diese besondere Fähigkeit, dass der innere Mensch nicht dem äußeren und seinen Erlebnissen folgen muss, ist die große Freiheit der Menschen, die Jesu Geist in sich tragen. Dabei ist diese innere Stärke kein magisches Geschehen, sondern ein täglicher Prozess: »*Mögen auch die Kräfte unseres äußeren Menschen aufgerieben werden – unser innerer Mensch wird Tag für Tag*

Mögen auch die Kräfte unseres äußeren Menschen aufgerieben werden – unser innerer Mensch wird Tag für Tag erneuert.

---

49 *»Ich werde verkannt und bin doch anerkannt. Ich bin ein Sterbender und doch lebe ich. Ich werde misshandelt und doch komme ich nicht um. Ich erlebe Kummer und bin doch immer fröhlich. Ich bin arm wie ein Bettler und mache doch viele reich. Ich besitze nichts und habe doch alles.«* (2. Korinther 6,9 f. GNB)

erneuert.« (2. Korinther 4,16 NGÜ) Paulus wusste: Weil sich sein äußerer Mensch so schnell verbraucht, genügte es ihm nicht, seinen inneren Menschen einmal im Leben oder im Jahr zu erneuern, sondern er musste das täglich tun. Er musste seinen inneren Menschen pflegen. Ich glaube, das ist etwas, was unserer Gesellschaft immer mehr verlorengeht. Wir sind Weltmeister in der Pflege des äußeren Menschen – denken wir nur an die ungeheuer vielen Pflegeprodukte für unser Äußeres oder an die vielen Kochsendungen, Nahrungsergänzungsmittel, Ernährungstipps und Spezialprodukte. Oder denken wir an die Fitness-, Urlaubs- und Erholungsindustrie. Wir haben ein riesiges Repertoire, um unseren äußeren Menschen zu pflegen. Und gleichzeitig geht uns als Gesellschaft immer mehr an Innerlichkeit verloren. Während sich der äußere Mensch auf YouTube und Instagram präsentiert, fristet der innere Mensch ein Schattendasein. Das beste Heilmittel für einen aufgeriebenen äußeren Menschen ist nicht die Urlaubsreise, die Netflix-Serie, der Besuch im Fitnessstudio oder die Baldriantropfen, sondern die tägliche Erneuerung des inneren Menschen.

Die Zumutungen des Lebens

Seitdem ich mit 13 Jahren zum Glauben fand, hat das Leben mir vieles zugemutet. Mit 14 Jahren erlebte ich den Tod meiner Mutter nach einem langen Krebsleiden. Jung verheiratet, musste ich während des Studiums drei Nebenjobs annehmen, um finanziell über die Runden zu kommen. Mit 25 Jahren scheiterte meine erste Gemeindegründung. Als junger Vater wurde ich mit der lebensbedrohlichen Erkrankung eines meiner Kinder konfrontiert. Mit 39 Jahren traf mich das Zerbrechen meiner Ehe mit ungeheurer Wucht. In den folgenden fünf Jahren erlitt ich zwei Bandscheibenvorfälle, die ich jeweils ein Jahr lang nur mit starken Schmerzmitteln ertragen konnte. In den ersten Jahren meines Pastorendienstes war ich in der Gemeinde oft der Erste, der kam, und der Letzte, der ging. Und als postevangelikaler Christ bin ich immer wieder Anfeindungen und Verurteilungen von konservativer Seite ausgesetzt. Schon Jesus spricht davon, dass jeder Tag seine eigene Plage hat. Geisterfülltes Leben ist mir so wichtig, weil ich die Zumutungen des Lebens kenne: Das Leben ist und bleibt eine Herausforderung. Mitarbeit im Reich Gottes und in der Gemeinde – ob ehrenamtlich oder angestellt – ist anstrengend, braucht Zeit und Energie. Ich kann es mir nicht leisten, ohne innere Kraftquelle zu leben. Wenn meine progressive Entwicklung mir meine innere Stärke und die Stabilität des inneren Menschen genommen hätte, wäre es die falsche Entwicklung für mich gewesen. Am Ende spielt es keine Rolle, ob wir katholisch, evangelisch, orthodox, evangelikal oder postevangelikal sind. Dem Leben ist das egal. Aber Gott hat mit seinem Geist eine Möglichkeit geschaffen, unseren inneren Menschen immer wieder zu erneuern und ihm Widerstandskraft zu verleihen. Auf diese Kraftquelle möchte ich nicht verzichten. Darum braucht es die Kombination aus progressivem Glauben und geisterfülltem Leben.

Gott hat mit seinem Geist eine Möglichkeit geschaffen, unseren inneren Menschen immer wieder zu erneuern und ihm Widerstandskraft zu verleihen. Auf diese Kraftquelle möchte ich nicht verzichten.

Ich möchte also nicht nur in meiner Erkenntnis wachsen und den Weisheiten der Bibel näherkommen, ich möchte nicht nur eine relevante und zeitgemäße Moral entwickeln und Barmherzigkeit und Toleranz gegenüber unterschiedlichen Lebensentwürfen zeigen, ich möchte das Reich Gottes nicht auf

Ewigkeitsfragen reduzieren, sondern ich möchte die Kraft des Heiligen Geistes, seine Stärke, Stabilität, seinen Trost und seine Ermutigung konkret erfahren. Um das Leben und seine Herausforderungen zu meistern, sind meine eigenen Ressourcen zu wenig. Anderen mögen sie genügen, aber ich brauche eine Kraftquelle in meinem Innern, die von der Energie des Heiligen Geistes gespeist wird. Ich möchte als progressiver Christ nicht zum passiven Zuschauer oder Konsumenten werden. Ich möchte mich weiterhin engagieren, einsetzen, für andere da sein, die zweite Meile gehen, Gemeinde bauen, anpacken, fleißig und verbindlich sein. Diese Tugenden aus meiner evangelikalen Vergangenheit will ich mir bewahren. Davon sollte auch progressiver Glaube geprägt sein. Wenn uns als Christen die Kraft des Heiligen Geistes fehlt, wer soll dann in Zukunft Gemeinden bauen, christliche Sozialarbeit leisten, Armen dienen, sich um Zerbrochene kümmern, Schwierige tragen, Kranke besuchen, Kindern den Glauben vermitteln und so viel anderes tun, was der Glaube an Aufgaben und Herausforderungen mit sich bringt? Viele Christen, die eine progressive Glaubensveränderung durchmachen, sind von diesen kraftvollen Tugenden geprägt. Ich möchte mich dafür einsetzen, dass auch die nächste Generation postevangelikaler Christen mit dieser Kraft und Einsatzbereitschaft ausgestattet ist.

Darum möchte ich mich nach der Kraft und der Erfüllung des Heiligen Geistes ausstrecken. Ich möchte mit dem Heiligen Geist genauso vertraut sein wie mit dem Vater oder dem Sohn. Keine noch so schwierige charismatische Erfahrung hat das Recht, mir den Heiligen Geist und seine Kraft madig zu machen!

Aus der Kraft des Geistes leben in wenigen Worten

Jesus ruft Menschen in seine Nachfolge. Diese kann nur gelingen durch die Kraft des Heiligen Geistes. Die Apostel haben sichergestellt, dass alle Gläubigen mit dem Heiligen Geist erfüllt wurden. Er stärkt unseren inneren Menschen und verleiht ihm dadurch Widerstandskraft gegenüber den Herausforderungen unseres äußeren Menschen. Durch diese innere Stärke sind Nachfolger und Nachfolgerinnen Jesu auch den Zumutungen des Glaubens und Lebens gewachsen.

6. Gottes Geist vielfältig erleben

In meiner charismatischen Phase bestand für mich das Wirken des Geistes in erster Linie im Übernatürlichen, in Zeichen und Wundern oder in Krankenheilungen. Ich war zutiefst davon überzeugt, dass Gott die gleichen Wunder und noch größere durch mich vollbringen wollte, die er auch durch Jesus getan hat.[50] Diese Überzeugung prägte mein Verhältnis zu Gott, zur Welt und zu mir selbst. Ich sehnte mich nach den Superlativen, nach Erfolg und dem Spektakulären. All das sollte Teil meiner Normalität werden. Als das Übernatürliche und die Heilungen dann aber ausblieben und sich mein Glaubensalltag nicht vom Leben anderer unterschied, war die Ernüchterung riesengroß. Was hatte ich falsch gemacht? Warum konnte Gott mich nicht auf diese Weise segnen? Meine Gottesbeziehung befand sich in der Sackgasse, denn ein Glaube ohne den Erweis von Zeichen und Wundern hatte für mich keine Legitimation. Gottes Wirken war Mangelware in meinem Leben, denn ich hatte es mit dem Übernatürlichen gleichgesetzt. Den Ausweg aus dieser Sackgasse fand ich durch zwei Erkenntnisse:

---

50 Vgl. Johannes 14,12: *»Ja, ich versichere euch: Wer an mich glaubt und mir vertraut, wird auch solche Dinge tun, ja sogar noch größere Taten vollbringen. Denn ich gehe zum Vater.«* (NeÜ)

1. Spektakulärer und kontinuierlicher Glaubensweg

Meine Vorstellung eines Nachfolgers Jesu war geprägt von all den Personen in der Bibel, die auf spektakuläre Art und Weise Gott dienten und ihn erlebten. Jesus vollbrachte scheinbar auf Schritt und Tritt Heilungen oder Wunder, daneben war dieser Lebensstil auch bei vielen alttestamentlichen Personen sichtbar. Besonders die Propheten Elia und Elisa hatten es mir angetan. Sie vollbrachten ein spektakuläres Wunder nach dem anderen, nicht nur in brenzligen Situationen, sondern auch in ganz alltäglichen. Neben Heilungen und Totenauferweckungen »heilte« Elisa auch einen verdorbenen Gemüseeintopf oder ersparte einem Freund den Kauf einer neuen Axt, indem er die im Wasser verlorene durch ein Wunder an die Oberfläche schwimmen ließ.[51] Elia und Elisa waren spektakuläre Typen. Selbst kleine Herausforderungen meisterten sie durch übernatürliche Handlungen. Ich wollte diesen spektakulären Lebensstil eines Elia oder Elisa oder Jesus auch in meinem Leben verwirklicht sehen. Dazu hatte ich genügend Verheißungen auf meiner Seite.

Erst später wurde mir bewusst, dass es neben dem spektakulären auch noch den kontinuierlichen Glaubensweg gibt. Der Lebensstil der meisten Menschen in der Bibel ist gekennzeichnet von Treue, Geduld, Hingabe und Fleiß – ohne die Zuhilfenahme von Wundern oder dem spektakulären Eingreifen Gottes. Besonders Abraham sticht hier heraus. Seine gesamte Lebensgeschichte wird auf wenige alttestamentliche Kapitel komprimiert, und es wird einem kaum bewusst, wie viele Jahre zwischen seinen einzelnen Gottesbegegnungen vergehen. Im Alter von 75 Jahren erscheint ihm Gott zum ersten Mal, um ihn aus seinem bisherigen Gottesglauben und Vaterland herauszurufen und eine große Nachkommenschaft zu verheißen. Weil

---

51 Vgl. 2. Könige 4,38 ff.; 6,1 ff.

dann zehn Jahre lang nichts passiert, zeugt Abraham ein Kind mit seiner Magd Hagar. Weitere 14 Jahre später erscheint Gott Abraham erneut, um ihm wiederum eine große Nachkommenschaft zu versprechen. Wer an Abraham denkt, hat meist eine intensive Beziehung zwischen Gott und diesen Mann vor Augen. Aber die meiste Zeit ist eigentlich gar nichts geschehen, außer dass Abraham Gott treu geblieben ist, nicht aufgehört hat, ihm zu dienen und sein Vertrauen zu schenken. Abraham hatte keinen spektakulären, sondern einen kontinuierlichen Glaubensweg.

Auch bei Paulus wird das sichtbar. Kurz nach seiner Bekehrung in Damaskus legt er gleich los mit dem Predigen und gibt Vollgas für Jesus. Auch von ihm werden einige spektakuläre Wunder berichtet, allerdings ist den Wenigsten bewusst, dass zwischen seiner Bekehrung und dem Beginn seiner öffentlichen Wirksamkeit fast 14 Jahre vergangen sind, in denen er wahrscheinlich in seiner Heimatstadt Tarsus in aller Stille und Geduld von Gott auf seinen Dienst vorbereitet wurde.[52] Vierzehn Jahre, in denen wahrscheinlich nicht viel passiert ist und ein spektakulärer Lebensstil in weiter Ferne lag.

Mich hat diese Erkenntnis geerdet. Ich musste mir eingestehen, dass ich wie die allermeisten anderen Christen von Gott auf diesen kontinuierlichen Glaubensweg geführt werde. Mein Leben gleicht mehr dem eines Abraham als dem eines Elia. Nicht Wunder säumen meinen Weg, sondern er erfordert Geduld und Treue. Nicht das Spektakuläre kennzeichnet meine Reise mit Gott, sondern das stetige Verarbeiten und Umsetzen dessen, was Gottes Geist mir schon lange gezeigt hat. Was sich

52 Vgl. Galater 2,1: »*Erst vierzehn Jahre später kam ich wieder nach Jerusalem. Ich reiste mit Barnabas und hatte auch Titus mitgenommen.*« (NGÜ)

am Anfang nach einer Enttäuschung anfühlte, entpuppte sich am Ende als großer Segen für mein Leben. Ich wurde dadurch von Stress, Erfolgsdruck und falschen Hoffnungen befreit.

2. Das dreifache Wirken des Geistes

Es war Freitag, der 12. Januar 2007, morgens um 7.51 Uhr am Eingang einer Metro Station. Einer der populärsten Ausnahmemusiker Amerikas, Joshua Bell (Grammy-, Echo- und Emmy-Gewinner), gab in Zusammenarbeit mit der Washington Post ein experimentelles Sonderkonzert: In Straßenkleidung, mit einer Baseballkappe auf dem Kopf und einer Geige in der Hand, stellte er sich inkognito in die U-Bahn-Station L'Enfant Plaza in Washington, D.C. Dort spielte er fast eine Dreiviertelstunde Stücke von Johann Sebastian Bach, Franz Schubert und anderen Komponisten klassischer Musik. Das Experiment wurde mit einer versteckten Kamera gefilmt. Kurz zuvor hatte Bell im ausverkauften Boston Theater gespielt, wo die billigsten Karten 100 Dollar kosteten. Das Instrument, auf dem er spielte, war eine Stradivari aus dem Jahr 1713, die er für über drei Millionen Dollar gekauft hatte. Das Ergebnis: Von den 1097 Menschen, die an ihm vorbeigingen, blieben nur sieben stehen, um ihm zuzuhören. Es dauerte 43 Minuten, bis eine junge Frau ihn erkannte und der Zauber vorbei war. In seinem Hut, den er vor sich aufgestellt hatte, befanden sich gerade einmal 32,17 Dollar. Normalerweise verdient Joshua Bell bei seinen Konzerten 1.000 Dollar pro Minute! Die Organisatoren des Experiments stellten sich die Frage, ob wir etwas Schönes in einer gewöhnlichen Umgebung zu einem unpassenden Zeitpunkt wahrnehmen. Erkennen wir ein Talent in einem unerwarteten Kontext? Wenn wir es nicht schaffen, einen Moment innezuhalten und einem der besten Musiker der Welt zuzuhören, der etwas von der schönsten Musik spielt, wie viel Bemerkenswertes verpassen wir dann noch in unserem Alltag?[53] Die beiden Hauptgründe, warum die Leute Joshua Bell nicht erkannten und seiner Musik nicht zuhörten, waren:

- Sie erwarteten so etwas nicht morgens um 8.00 Uhr am Eingang einer U-Bahn-Station. Damit rechnet man in einem Konzertsaal an einem Samstagabend in Abendgarderobe.
- Die Menschen waren zu sehr in ihre eigenen Pläne und Vorhaben vertieft. Alle waren auf dem Weg zur Arbeit, hatten einen Termin, ein Meeting, Projekte und Mitarbeiter warteten auf sie. Diese Fixierung erlaubte es ihnen nicht, das Wundervolle, das ihnen hier begegnete, wahrzunehmen.

Dass Gottes Wirken in meinem Leben zur Mangelware wurde, hatte weniger mit Gott als mit meiner Wahrnehmung zu tun. Ich hatte Gottes Wirken auf den Bereich des Übernatürlichen reduziert und konnte so sein alltägliches Wirken in dieser Welt und in meinem Leben nicht mehr erkennen. Könnte es sein, dass Gott mit Baseballmütze und Jeans zu einer unmöglichen Zeit in einer kalten U-Bahn-Station wirkt, während ein Christ nach dem anderen an ihm vorbeigeht? Jeder erkennt Joshua Bell in der Konzerthalle, aber nicht in der U-Bahn-Station. Jeder erkennt Gottes Handeln im Wunder, in der Heilung, in der übernatürlichen

Jeder erkennt Gottes Handeln im Wunder, in der Heilung, in der übernatürlichen Erfahrung oder in der Erweckung. Aber im Alltag?

53 Die Geschichte und Videoclips dazu findet man zum Beispiel hier: https://www.classicfm.com/artists/joshua-bell/violin-busking-washington-subway/

Erfahrung oder in der Erweckung. Aber im Alltag? In der Normalität meines Lebens? Viele Jahre lang hatte ich Gottes Wirken auf Zeichen, Wunder und übernatürliche Erfahrungen beschränkt – und am Ende nichts davon erlebt! Alles andere – das Essen auf dem Tisch, der Parkplatz in der Stadt, der gute Schlaf in der Nacht, die warme Heizung im Winter, die Sonne am Strand, die gute Prüfung meines Sohnes – freute mich, aber ich fand es nicht legitim, das, was jeder andere auch erlebt, als Gottes Wirken zu bezeichnen. Es war einfach Leben. Irgendwann habe ich etwas Simples erkannt, das Gottes Wirken in meinen Alltag zurückbrachte. Ich glaube, dass man Gottes Wirken auf (mindestens) drei Arten erleben kann:

Gottes Geist in dem erleben, was mich dankbar macht

Überall, wo mich etwas dankbar macht, begegne ich dem Wirken Gottes. Dieser Gedanke kam mir, als ich wieder einmal das Vaterunser betete. Das Vaterunser ist ein Alltagsgebet. Dort lehrt Jesus seine Jünger, folgenden Satz zu beten: *»Unser tägliches Brot gib uns heute.«*[54] Jesus sagt nicht: »Gib uns Brot in der Not« oder »Unser Brot im Angesicht der römischen Besatzung gib uns heute« oder »Unser Brot trotz aller Armut gib uns heute«. Nein, es geht um das tägliche Brot. Es ist kein besonderes, kein seltenes, kein außergewöhnliches und kein spektakuläres Brot, es ist das tägliche Brot. Um dieses Brot soll ich bitten und es aus Gottes Hand empfangen. Damit wird es zur Gebetserhörung und zum Wirken und Handeln Gottes. Plötzlich wurde mir bewusst, dass es eine Entscheidung ist, die täglichen Dinge, die mich dankbar machen und die mein Leben erfreuen, aus Gottes Hand zu nehmen und sie als Wirken Gottes zu betrachten. Jesus will uns hier lehren, dass das tägliche Brot und

54 Matthäus 6,11 LUT

alle anderen Dinge nicht selbstverständlich sind, kein Zufall des Lebens, keine logische Konsequenz der Wirkungsweise des Universums, sondern Wirken Gottes in meinem Leben. Wenn ich mich also frage, wo Gott in meinem Leben wirkt, kann ich mir bewusst machen, dass es überall dort ist, wo mich etwas dankbar macht. Und das macht tatsächlich den größten Teil von Gottes Wirken in meinem Leben aus.

Gottes Geist in dem erleben, was mich zum Guten verändert

Wir alle wissen, dass uns nicht alles im Leben dankbar macht. Manches macht uns traurig, ist schwierig, schmerzhaft oder lässt uns leiden. Nicht immer ist uns zum Lachen zumute, sondern manchmal auch zum Weinen. Aber ich glaube, auch hier begegnen wir Gottes Wirken. Ich begegne Gottes Wirken in allem, was mich zum Guten verändert. Paulus beschreibt im Römerbrief, dass alle Dinge, gerade die schwierigen und herausfordernden, durch Gottes Wirken einen Beitrag zum Guten in unserem Leben leisten müssen: »*Wir wissen aber, dass Gott bei denen, die ihn lieben, alles zum Guten mitwirken lässt, also bei denen, die er nach seinem freien Entschluss berufen hat.*« (Römer 8,28 NeÜ) Der Begriff »Mitwirken« ist das griechische Wort »synergeo« (συνεργέω), das wir vom Begriff Synergie kennen. Immer wieder habe ich in meinem Leben erfahren, dass auch herausfordernde und schwierige Lebensumstände zu einer positiven Veränderung meines Lebens führten. Das liegt an der Mitwirkung Gottes. Gott wirkt in unseren Herausforderungen, handelt im finsteren Tal und sorgt dafür, dass Destruktives nicht das letzte Wort in unserem Leben hat. Ich erbitte Gottes Wirken nicht nur in Gestalt des Wunders oder des Übernatürlichen, sondern auch in Form seines Handelns inmitten meiner Herausforderungen. Diese will ich durch sein Wirken und seine Kraft meistern und in mein Leben integrieren als etwas, das wie Dünger gute Früchte in meinem Charakter wachsen lässt.

Damit möchte ich nicht das Leid und Elend vergolden. Es bleibt genügend sinnloses Leid übrig und ich kann damit auch nicht die Theodizee-Frage klären. Es wäre geradezu grotesk, in traumatischen Leiderfahrungen das Gute und Segensreiche entdecken zu wollen. Denken wir nur an die ungeheuerlichen Leiderfahrungen im Holocaust oder an wiederholten sexuellen Missbrauch von Kindern. Hier bleibt das Leid eine offene und himmelschreiende Frage, die keinesfalls durch irgendwelche Hoffnungen auf positive Nebenwirkungen banalisiert werden darf! Aber natürlich kann ich auch nach erlebtem schwerem Leid darauf hoffen, dass Gott die geschundene Seele und das zerbrochene Herz berührt und Schritt für Schritt gesunden lässt.

Gottes Geist im Wunder erleben

Ich glaube weiterhin, dass Gott Wunder tun kann. Und damit meine ich wirkliche Wunder. Nicht nur Wundervolles. Wunder, die größer sind als die Kräfte der Natur, die eindeutig Gottes Handschrift tragen und die durch keine menschliche Kraft reproduziert werden können. Mir ist aber auch bewusst, dass diese Art von Gottes Wirken nur einen Bruchteil dessen ausmachen wird, was ich an Gottes Wirken in meinem Leben wahrnehme. Ich möchte auch deshalb an Wunder glauben, weil ich vielleicht irgendwann selbst eines brauchen könnte. Ich möchte Wundern nicht die Tür verschließen und den Schlüssel wegwerfen. Auch wenn dieses Thema viel zu meiner Frustration beigetragen hat und ich bis heute noch kein Wunder erlebt habe, möchte ich an ihrer Möglichkeit festhalten. Wenn eine meiner Töchter morgen wegen eines Unfalls oder einer schweren Krankheit auf der Intensivstation liegt und ihr Leben auf

Messers Schneide steht, möchte ich nicht an ihrem Bett sitzen und mir selbst die Hoffnung auf ein Wunder genommen haben. Ich möchte gerade in solchen Momenten von einer Gottesbeziehung und einem Vertrauen geprägt sein, das mit Wundern rechnet. Ich will weiter daran glauben, dass der Himmel auf die Erde kommen kann. Ich fände es beschämend, mich in meinem progressiven Übermut von Wundern verabschiedet zu haben und dann darum betteln zu müssen, wenn nur noch ein Wunder hilft. Ich habe keine Garantie auf Wunder. Ich weiß auch nicht, wie man sie bewirken kann. Von irgendwelchen Kausalzusammenhängen habe ich mich längst verabschiedet. Aber in einer Welt, die sich auf das Vertilgen von Hoffnung spezialisiert hat, möchte ich meine Hoffnung möglichst erhalten!

Ich fände es beschämend, mich in meinem progressiven Übermut von Wundern verabschiedet zu haben und dann darum betteln zu müssen, wenn nur noch ein Wunder hilft.

Wie erlebe ich also das Wirken des Heiligen Geistes? Meistens in dem, was mich dankbar macht, oft auch in Schwierigkeiten, die mich zum Guten verändern, und ganz selten in Wundern, die den Himmel auf die Erde bringen. Dieses Kapitel soll deutlich machen, dass es beim geisterfüllten Leben nicht primär um pfingstlich-charismatische Phänomene geht, um Geistesgaben oder Wunder, sondern um das grundlegende Wirken des Heiligen Geistes in meinem Alltag und Lebensvollzug. Wir erkennen das Wirken des Geistes anhand der Kraft, die sich in und durch unser Leben bemerkbar macht.

Gottes Geist vielfältig erleben in wenigen Worten

Manchmal haben gläubige Menschen den Eindruck, nur wenig mit Gott und seinem Geist zu erleben. Das mag damit zusammenhängen, dass Gottes Wirken vor allem mit Spektakulärem in Verbindung gebracht wird. Viele geisterfüllte Menschen in der Bibel zeichnen sich jedoch nicht durch einen spektakulären Glaubensweg aus, sondern durch eine beständige Treue zu Gott – gerade dann, wenn Wunder ausbleiben. Das Wirken des Heiligen Geistes zeigt sich in vielen Alltagserfahrungen, die uns dankbar machen. Es zeigt sich auch in den Herausforderungen, die unseren Charakter positiv verändern. Und natürlich zeigt sich der Heilige Geist in Wundern und übernatürlichen Phänomenen, für die wir keine menschliche Erklärung finden.

7. Geisterfüllt lieben

Weil Gott in dieser Welt durch seinen Geist gegenwärtig ist, hat geisterfülltes Leben viel mit seiner Gegenwart zu tun. Diese kann stärker oder schwächer in unserem Leben ausgeprägt sein. In gewisser Weise sorgt der Heilige Geist für einen bestimmten geistlichen Wasserstand in unserem Leben. Bei mir hat dieser viel mit dem Maß meiner Inspiration zu tun. Wenn ich mich inspiriert fühle, viele Ideen und inspirierende Gedanken denken kann, ist das für mich ein Indikator der Gegenwart Gottes in meinem Leben. Wenn ich aber ideenlos, unkreativ, uninspiriert und oberflächlich durch die Gegend laufe, ist das für mich ein Zeichen dafür, dass Gottes Gegenwart augenblicklich nur wenig Raum in meinem Leben gefunden hat, was unterschiedliche Ursachen haben kann. Obwohl mir Inspiration sehr wichtig ist als Ausdruck von geisterfülltem Leben, gibt es etwas, das wie nichts Zweites Gottes Gegenwart und Geist in unserem Leben sichtbar macht – und das ist die Liebe. In letzter Konsequenz heißt geisterfüllt leben: geisterfüllt lieben!

In letzter Konsequenz heißt geisterfüllt leben: geisterfüllt lieben!

Aufgrund meiner charismatischen Prägung waren es vor allem die Geistesgaben, die ich mit einem geisterfüllten Leben verband. Und natürlich sind Charismen Ausdrucksformen des Wirkens des Heiligen Geistes. Aber ich bin inzwischen weit davon entfernt, das Wirken des Geistes vor allem in pfingstlich-charismatischer Praxis oder der Ausübung von Geistesgaben zu verorten. Vielmehr ist Liebe die zentrale Qualität, die der Geist Gottes in unserem Leben hervorbringen will. Besonders deutlich wird dies in den Gedanken von Paulus über Liebe im ersten Korintherbrief.

Wie die Liebe ist

Im sogenannten »Hohelied der Liebe« beschreibt Paulus die Bedeutung und die Eigenschaften dieser Liebe. Zunächst schildert er, dass nichts, aber auch gar nichts, wichtiger für unser Leben und unsere Nachfolge ist als die Liebe. Keine andere Tat, keine noch so hingebungsvolle Handlung ist mit dem Lieben vergleichbar: *»Wenn ich die Sprachen aller Menschen spreche und sogar die Sprache der Engel, aber ich habe keine Liebe – dann bin ich doch nur ein dröhnender Gong oder eine lärmende Trommel. Wenn ich prophetische Eingebungen habe und alle himmlischen Geheimnisse weiß und alle Erkenntnis besitze, wenn ich einen so starken Glauben habe, dass ich Berge versetzen kann, aber ich habe keine Liebe – dann bin ich nichts. Und wenn ich all meinen Besitz verteile und den Tod in den Flammen auf mich nehme, aber ich habe keine Liebe – dann nützt es mir nichts.«* (1. Korinther 13,1–3 GNB) Es ist beeindruckend, wie sehr Paulus die Nutzlosigkeit von Geistesgaben, Hingabe und aufopferungsvoller Frömmigkeit betont, falls die innere Haltung der Liebe fehlt. Ich würde ergänzen: Wenn meine Dogmatik noch so korrekt ist und mein Bibelverständnis in allem der Wahrheit entspricht, ich aber keine Liebe habe, nützt es mir überhaupt nichts. Wie oft wurde mir in meinem Leben schon die Wahrheit

Wenn meine Dogmatik noch so korrekt ist und mein Bibelverständnis in allem der Wahrheit entspricht, ich aber keine Liebe habe, nützt es mir überhaupt nichts.

»in Liebe« gesagt. Dieser kleine verbale Zusatz war dann meist die Rechtfertigung dafür, mir die Wahrheit als volle Breitseite um die Ohren zu schlagen. Gut gemeint ist noch lange nicht gut gemacht! Ich bin erstaunt, wie oft Liebe in christlichen Kreisen der Rechtgläubigkeit, Wahrheit oder dem Bibelverständnis geopfert wird. Aber kein geistliches Anliegen, kein Sendungsbewusstsein und keine evangelistische Aktion ist zu rechtfertigen, wenn die Liebe fehlt. Leider ist die Kirche in weiten Teilen nicht dafür bekannt, dass ihr entscheidendes Anliegen, zentraler Fokus und ihre wichtigste Aufgabe die Liebe ist.

Ich bin immer wieder entsetzt, wenn ich erlebe, mit welch ungeheurer Verachtung fundamentalistische Christen in den USA über Ungläubige, Demokraten oder liberale Christen, Klimaaktivisten, die Schöpfung, über Immigranten oder über Homosexuelle sprechen. Und ich bin schockiert, wie radikal missionarische Christen, die angeblich von der Liebe Gottes zur Welt motiviert sind, am Ende die Mehrheit der Menschen in die Hölle verdammen und dies für mehr als gerechtfertigt halten. Wann haben wir als Kirche und als Christen die Liebe verloren? Wann wurde sie zu einer Tugend unter anderen? Wann hat sie ihre Vorrangstellung und Bedeutung als Kriterium für all unser Denken, Reden und Handeln verloren? Ich möchte mich auf keinen Glauben mehr einlassen, der bereit ist, die Liebe für was auch immer zurückzustellen oder zu opfern. Unser fundamentalistisches Bibelverständnis, unsere dogmatische Rechtgläubigkeit und unsere Verpflichtung auf die Wahrheit, unser missionarischer Eifer, unsere Betonung des zornigen Gottes, aber auch unsere progressive Theologie, unsere postevangelikale Entwicklung, unsere Achtsamkeit gegenüber der Schöpfung, unsere Offen-

Wann haben wir als Kirche und als Christen die Liebe verloren? Wann wurde sie zu einer Tugend unter anderen?

heit für andere Lebensentwürfe oder unsere Friedensbemühungen sind schlichtweg wertlos, wenn unser Innerstes und Tiefstes nicht von Liebe erfüllt und motiviert ist. Paulus konnte das nicht genug betonen und listet darum die verschiedensten Beispiele auf, um seinen Lesern klarzumachen, dass sie sich durch keine noch so wertvolle Tat Gott gegenüber rechtfertigen können, wenn die Liebe fehlt. Wir haben oft den Eindruck, dass unser christlicher Glaube, unser radikales Handeln oder unser evangelistisches Reden grundlegend wertvoll und nützlich sind, durch die Liebe aber nochmals ergänzt und gesteigert werden. Wenn die Liebe fehlt, behalten diese Dinge scheinbar trotzdem ihren Wert. Das ist weit gefehlt. Ohne Liebe verlieren diese Dinge ihren Wert. Sie sind nutz- und wertlos in den Augen Gottes. Als weltweite Christenheit hätten wir in der Liebe eine entscheidende Grundlage für unser Miteinander, Auskommen, für unsere Solidarität und für unser Zeugnis. Hatte Jesus nicht gesagt: *»An eurer Liebe zueinander werden alle erkennen, dass ihr meine Jünger seid.«* (Johannes 13,35 NGÜ) Leider spielt die Liebe in unserem christlichen Miteinander oft eine untergeordnete Rolle. Viel wichtiger für unser Miteinander sind dogmatische, theologische, eschatologische oder moralische Fragen. Wenn das alles passt, darf gern auch noch die Liebe dazukommen. Damit stellen wir die Logik von Paulus auf den Kopf: Liebe ist wichtig, aber ohne das richtige Bibelverständnis, ohne die richtige Moral, ohne die richtige Sicht des Kreuzes, ohne die Betonung von Gerechtigkeit und Gericht ist die Liebe nutzlos. Bei Paulus dagegen ist ohne Liebe alles nutzlos. Ich sage es deutlich: Meine Religion ist die Liebe, weil Gott die Lie-

Meine Religion ist die Liebe, weil Gott die Liebe ist! Und deshalb ist meine zentrale Frage an das Leben nicht: Ist das biblisch, ist das richtig, ist das rechtgläubig? Sondern die zentrale Frage lautet: Ist das liebevoll?

be ist! Und deshalb ist meine zentrale Frage an das Leben nicht: Ist das biblisch, ist das richtig, ist das rechtgläubig? Sondern die zentrale Frage lautet: Ist das liebevoll?

Was liebevoll ist, schildert Paulus in den folgenden Versen: *»Die Liebe ist geduldig und gütig. Die Liebe eifert nicht für den eigenen Standpunkt, sie prahlt nicht und spielt sich nicht auf. Die Liebe nimmt sich keine Freiheiten heraus, sie sucht nicht den eigenen Vorteil. Sie lässt sich nicht zum Zorn reizen und trägt das Böse nicht nach. Sie ist nicht schadenfroh, wenn anderen Unrecht geschieht, sondern freut sich mit, wenn jemand das Rechte tut. Die Liebe gibt nie jemand auf, in jeder Lage vertraut und hofft sie für andere; alles erträgt sie mit großer Geduld. Niemals wird die Liebe vergehen.«* (1. Korinther 13,4–8a GNB). Wenn geisterfülltes Leben geisterfülltes Lieben bedeutet, dann möchte ich mich an genau dieser Beschreibung messen lassen. Ich kann für das Wort Liebe meinen eigenen Namen einsetzen und schauen, wo ich mich in diesem Prozess der Liebe befinde. Allein diese fünf Verse aus dem Korintherbrief reichen eigentlich als Aufgabenstellung für den Rest meines Lebens. Wenn ich durch mein Leben mit Gott und die Gegenwart seines Geistes dieser Beschreibung der Liebe Schritt für Schritt näherkomme, war mein Leben tatsächlich ein geisterfülltes Leben.

Wenn Gott die Liebe ist, dann könnte man mit diesem Text aber noch etwas anderes tun. Statt den eigenen Namen anstelle der Liebe einzusetzen, könnte man auch Gottes Namen einsetzen. Es ist nicht davon auszugehen, dass Gott an uns einen Liebes-Maßstab anlegt, dem er selbst nicht gerecht wird. Wenn diese Verse im Korintherbrief die Liebe beschreiben, dann beschreiben sie auch Gott, denn Gott ist Liebe. Er ist der Ursprung der Liebe. Darum könnte man auch lesen: »Gott ist geduldig und gütig. Gott eifert nicht für den eigenen Standpunkt, er prahlt nicht und spielt sich nicht auf. Gott nimmt sich keine

Freiheiten heraus, er sucht nicht den eigenen Vorteil. Er lässt sich nicht zum Zorn reizen und trägt das Böse nicht nach. Er ist nicht schadenfroh, wenn anderen Unrecht geschieht, sondern freut sich mit, wenn jemand das Rechte tut. Gott gibt nie jemanden auf, in jeder Lage vertraut und hofft er für andere; alles erträgt er mit großer Geduld. Niemals wird die Liebe Gottes vergehen.« Wenn diese Verse nicht nur ein Bild davon malen, wie unsere Liebe sein soll, sondern die Liebe Gottes beschreiben, dann verändert das mein Gottesbild positiv. Ich habe es mit einem Gott zu tun, der nicht seinen eigenen Vorteil sucht und sich nicht zum Zorn reizen lässt. Es ist ein Gott, der das Böse nicht nachträgt, nicht zurechnet. Er gibt nie auf und erträgt alles mit großer Geduld. Zu keiner Zeit und an keinem Ort hört seine Liebe auf.

Die eine Frucht des Geistes

Es gibt einen Text im Galaterbrief, in dem Paulus Wichtiges über ein geisterfülltes Leben im Zusammenhang mit der Liebe aussagt. Im entsprechenden Abschnitt beschreibt er den Gegensatz zwischen einem Leben aus dem Heiligen Geist und einem Leben aus dem Fleisch heraus, also angetrieben aus den Begierden und Lüsten. Er schreibt: *»Wandelt im Geist, so werdet ihr das Begehren des Fleisches nicht erfüllen«*. (Galater 5,16 LUT) Und dann nennt Paulus diese Werke des Fleisches: *»Offenkundig sind aber die Werke des Fleisches, als da sind: Unzucht, Unreinheit, Ausschweifung, Götzendienst, Zauberei, Feindschaft, Hader, Eifersucht, Zorn, Zank, Zwietracht, Spaltungen, Neid, Saufen, Fressen und dergleichen …«* (Galater 5,19 ff. LUT) Wichtig ist hier, dass der Ausdruck »Werke« im Griechischen wie auch im Deutschen im Plural steht, denn es werden auch mehrere Werke des Fleisches aufgezählt. Und im nächsten Vers wird das

Gegenteil beschrieben, also das, was der Geist Gottes hervorbringt: *»Die Frucht aber des Geistes ist Liebe, Freude, Friede, Geduld, Freundlichkeit, Güte, Treue, Sanftmut, Selbstbeherrschung.«* (Galater 5,22 LUT). Es fällt auf, dass »Frucht« im Gegensatz zu »Werken« nicht im Plural, sondern im Singular steht. Paulus spricht zwar von den Werken des Fleisches, aber nicht von den Früchten des Geistes. In fast allen Predigten über diesen Text wird von den Früchten des Geistes im Plural gesprochen. Ich glaube, dass Paulus als Autor sehr wohl zwischen Singular und Plural unterscheiden konnte. Aber warum redet er erst von der Frucht des Geistes und zählt dann neun Eigenschaften auf? Da müsste doch der Plural stehen. Nun muss man sich Folgendes bewusst machen: Die wichtigsten Handschriften, die wir vom Neuen Testament haben, sind in griechischer Sprache verfasst. Eine der ältesten Handschriften ist der Codex Sinaiticus.[55] Die Texte in diesen alten Handschriften bestehen nur aus Großbuchstaben. Zudem gibt es keinen Abstand zwischen den einzelnen Worten, sondern alles wird aneinandergereiht. Es gibt keinerlei Überschriften, Kapiteleinteilungen oder Versnummern; und es finden sich keinerlei Satzzeichen. All diese Dinge müssen die Textforscher und Übersetzer rekonstruieren, damit wir einen lesbaren, sinnvollen und übersetzbaren Text erhalten. Wenn Paulus Singular und Plural bewusst einsetzte, ergibt sich daraus für Galater 5,22 eigentlich nur eine Überset-

---

55 Der »Codex Sinaiticus« ist eine Handschrift der christlichen Bibel, die in der Mitte des 4. Jahrhunderts geschrieben wurde und die erste überlieferte vollständige Fassung des Neuen Testaments darstellt. Der handgeschriebene Text ist auf Griechisch. Die Version des Neuen Testaments folgt der alten Gemeinsprache (koiné) und dem Alten Testament in der als »Septuaginta« bekannten Fassung, die bei den frühen Griechisch sprechenden Christen verbreitet war. Vgl. https://codexsinaiticus.org

zungsmöglichkeit: Nach dem Wort »Liebe« darf kein Komma, sondern muss ein Doppelpunkt stehen. Christian A. Schwarz schreibt hierzu: *»Der Text ergibt jedoch weitaus mehr Sinn, wenn wir nach ›Liebe‹ einen Doppelpunkt setzen. Dann lautet der Vers: Die Frucht des Geistes ist Liebe: (nämlich) Freude, Frieden, Geduld etc. Das bedeutet, dass wir von einer Frucht reden (d. h. Liebe), die acht verschiedene Aspekte hat.«*

Ausgehend von dieser Darstellung des Verses gibt es eine Frucht, Auswirkung und zentrale Wirkungsweise des Geistes. Es gibt keine neun Früchte des Geistes, sondern nur eine Frucht, und darum steht das Wort auch im Singular. Diese eine Frucht ist die Liebe, und durch den Doppelpunkt wird diese Liebe dann genauer beschrieben und ausgemalt. Es geht darum, dass die Liebe Freude auslöst, zum Frieden führt, geduldig macht, von Freundlichkeit gekennzeichnet ist, voller Güte steckt, unendlich treu ist, von Sanftmut geprägt ist und zur Selbstbeherrschung führt.

Geisterfülltes Leben zeichnet sich also dadurch aus, dass Liebe in uns wächst. Sie ist kein abstrakter Begriff, kein Modewort, kein bloßes Gefühl. Diese Liebe hat eine konkrete Gestalt. Sie hat konkrete Auswirkungen und ist von bestimmten Eigenschaften geprägt. Die Liebe ist das Substrat in unserem Herzen, das viele andere positive Eigenschaften wachsen lässt und zum Blühen bringt. Ich wünsche mir einen progressiven Glauben, der zutiefst von der Liebe des Geistes geprägt ist; einen Glauben, der diese Art von Liebe als seine DNA hat. Wenn sich dieser Glaube multipliziert, muss er solche Liebe im Leben der Menschen hervorbringen. Wenn wir wollen, dass unser Glaube kraftvoll ist, wenn wir geisterfüllt leben wollen, dann zeigt sich das nicht zuerst in Heilungen, Zeichen und Wundern,

Ich wünsche mir einen progressiven Glauben, der zutiefst von der Liebe des Geistes geprägt ist;

nicht in prophetischem Reden, Visionen oder einem bestimmten Bibelverständnis, sondern in einem Leben, das zutiefst von der Liebe und liebevollem Handeln gekennzeichnet ist.

Liebe als Maßstab und Orientierungspunkt aller Glaubensveränderung

Immer wieder werde ich gefragt, ob der ganze Prozess der Glaubensentwicklung nicht völlig subjektiv ist. Wenn es darum geht, den Glauben weiterzuentwickeln, das Gottesbild zu verändern und ethische Leitlinien herzuleiten, dann haben Betroffene wie auch Kritiker oft den Einwand, dass sich am Ende jeder seinen eigenen Glauben und sein eigenes Gottesbild zusammenstellt. Zuerst wird Glaube dekonstruiert und dann nach eigenem Belieben wieder rekonstruiert. Ist diese Eigenkreation des Glaubens tragfähig und entspricht er der Wahrheit? Konservative Kritiker postevangelikaler Entwicklung gehen im Normalfall davon aus, dass ihr eigener Glaube, ihr Gottesbild, ihre Ethik und ihre Bibelhaltung die Wahren und Eigentlichen sind. Alles, was davon abweicht, ist subjektives Konstrukt, das sich den Glauben so zusammenstellt, wie man ihn haben möchte. Aber bloß, weil die eigene konservativ-evangelikale Tradition seit der Kindheit oder seit Generationen besteht, ist sie damit nicht die Ursprüngliche oder Wahrhaftige. Auch reformatorischer, evangelikaler oder pietistischer, baptistischer, methodistischer, pfingstlerischer oder charismatischer Glaube ist ein Konstrukt. Auch dieser Glaube ist nicht vom Himmel gefallen, sondern wurde entwickelt, ist gewachsen und hat sich entfernt von vorigen konfessionellen Glaubensüberzeugungen. Es ist ein schwaches Argument, eine neuere Version des Glaubens als subjektives Konstrukt zu bezeichnen und dabei zu übersehen, dass der eigene Glaube in gleicher Weise ein subjektives Konstrukt ist, dessen Konstruktion einfach 20 oder 100 oder 500 Jahre zurückliegt. So schnell übersieht man, dass die eigenen Glaubensväter demselben Vorwurf ausgesetzt waren, als sie protestantischen Glauben entwickelten im Gegensatz zum katholischen Glauben. Oder als sie pietistischen Glauben entwickelten im Gegensatz zu protestantischen Glaubensüberzeugungen. Oder als sie charismatischen Glauben entwickelten im Gegensatz zu pietistischer Glaubensprägung. Jeder Glaube und jede Denomination ist ein Konstrukt mit besonderen Betonungen, Hervorhebungen, Gottesvorstellungen, Praktiken, Ritualen, moralischen Leitlinien, Verteufelungen, Auslegungen, Vernachlässigungen und Auslassungen. Menschlicher Glaube ist immer Konstrukt!

Bei aller gegebenen Subjektivität ist für mich die Liebe das Kriterium, die Richtschnur oder der Maßstab, der mir hilft, den Glauben in die richtige Richtung zu entwickeln. Liebe ist wie die Blaupause, vor deren Hintergrund sich jede Glaubensentwicklung rechtfertigen muss. Die Liebe ist ebenso klar wie anspruchsvoll. Am Ende stellt sich die einfache Frage: Machen mich mein Glaube und meine Beziehung zu Gott zu einem liebevolleren Menschen? Ist das die Frucht meines Glaubens?

Das Judentum zur Zeit Jesu hatte sich zu einer Religion mit unzähligen Regeln und Geboten entwickelt. Es gab 613 Gebote der Tora, zusätzlich Hunderte Sabbatvorschriften und eine Unmenge an Satzungen der Ältesten sowie Spezialgebote der Schriftgelehrten. An welchem Gebot und an welcher Regel misst sich ein Glaube, der Gott wohlgefällig ist? Eine ähnliche Fragestellung finden wir im jüdischen Talmud. Zwei verschiedene Rabbiner werden mit der Frage konfrontiert, wie man die gesamte Tora zusammenfassen könnte. Bei der ungeheuren Zahl an Geboten und Regeln muss es doch die eine große Leitlinie oder den entscheidenden Leitgedanken geben. Und so kam es, dass ein Heide, der zum Judentum übertreten wollte, genau diese Frage an Rabbi Schammai und an Rabbi Hillel stellte: *»Abermals ereignete es sich, dass ein Nichtjude vor Schammai trat und zu ihm sprach: Mache mich zum Proselyten unter der Bedingung, dass du mich die ganze Tora lehrst, während ich auf einem Fuße stehe. Da stieß er ihn fort mit der Elle, die er in der Hand hatte. Darauf kam er zu Hillel und dieser machte ihn zum Proselyten und sprach zu ihm: Was dir nicht lieb ist, das tue auch deinem Nächsten nicht. Das ist die ganze Tora und alles andere ist nur die Erläuterung; geh und lerne sie.«*[56]

Auch Jesus wurde einmal gefragt, worauf es im Gesetz ankommt. Gibt es bei all den Geboten etwas, das am wichtigsten ist, am bedeutsamsten? Etwas, das in gewisser Weise das gesamte Gesetz zusammenfasst? Ganz im Sinne von Hillel antwortet auch Jesus. Das Markusevangelium schreibt: *»Einer der Schriftgelehrten hatte diesem Streitgespräch zugehört und gesehen, wie gut Jesus den Sadduzäern geantwortet hatte. Nun trat er näher und fragte ihn: ›Welches ist das wichtigste von allen Geboten?‹ Jesus antwortete: ›Das wichtigste Gebot ist: Höre, Israel, der Herr, unser Gott, ist der alleinige Herr. Du sollst den Herrn, deinen Gott, lieben von ganzem Herzen, mit ganzer Hingabe, mit deinem ganzen Verstand und mit aller deiner Kraft! An zweiter Stelle steht das Gebot: Liebe deine Mitmenschen wie dich selbst! Kein Gebot ist wichtiger als diese beiden.‹«* (Markus 12,28–31 NGÜ) Und in der Bergpredigt formuliert Jesus den bekannten Satz des Hillel, allerdings in aktiver statt passiver Form: *»Geht so mit anderen um, wie die anderen mit euch umgehen sollen. In diesem Satz sind das Gesetz und die Propheten zusammengefasst.«* (Matthäus 7,12 NLB)

Nicht nur Jesus macht die Liebe zum Maßstab und Kriterium eines echten Glaubens und wahrhaftiger Nachfolge, sondern auch andere Autoren des Neuen Testaments betonen die

---

56 Talmud, Traktat Schabbat, Blatt 31a

Bedeutung der Liebe. Paulus schreibt: »*Ihr kennt die Gebote: ›Brich nicht die Ehe, morde nicht, beraube niemand, blicke nicht begehrlich auf das, was anderen gehört.‹ Diese Gebote und alle anderen sind in dem einen Satz zusammengefasst: ›Liebe deinen Mitmenschen wie dich selbst.‹ Wer liebt, fügt seinem Mitmenschen nichts Böses zu. Also wird durch die Liebe das ganze Gesetz erfüllt.*« (Römer 13,9 f. GNB)

Und der Apostel Jakobus schreibt: »*Wenn ihr das königliche Gesetz erfüllt nach der Schrift ›Liebe deinen Nächsten wie dich selbst‹, so tut ihr recht.*« (Jakobus 2,8 LUT)

Es gibt also ein königliches, wichtigstes Gesetz, ein Leitgesetz, aus dem alle anderen Gebote herausfließen: die Nächstenliebe. Der Kirchenvater Augustinus hat diese Überlegung auf die Spitze getrieben, indem er gesagt hat: »Liebe und tue was du willst.« Er fordert seine Hörer mit diesem Wort dazu auf, sich in allem Tun von göttlicher Liebe leiten zu lassen, in allem Tun den Vorrang der uneigennützigen, wohlwollenden Liebe anzuerkennen. In letzter Konsequenz geht er davon aus, dass Menschen, die Liebe zu ihrem allerhöchsten Leitprinzip gemacht haben, sich keine weiteren Gedanken um alltägliche Gebote und Regeln machen müssen, weil die Liebe in ihrem Herzen alles weitere regelt. Es geht nicht um Willkür und nicht darum, mir den Glauben so zusammenzustellen, dass er möglichst problemlos lebbar ist, und nur das ernst zu nehmen, worauf ich gerade Lust und Laune habe. Meine Glaubensentwicklung hat ein großes Ziel: mich zu einem liebevolleren, barmherzigeren Menschen zu machen. Egal was mein Glaube sonst an Überzeugungen entwickelt, das ist der entscheidende Maßstab und das wichtigste Kennzeichen eines geisterfüllten Lebens.

Meine Glaubensentwicklung hat ein großes Ziel: mich zu einem liebevolleren, barmherzigeren Menschen zu machen.

Erst korrekt, dann gnädig?

Die ersten Jahre meines Glaubens waren nicht von dieser zentralen Stellung der Liebe geprägt. In der Praxis war die Liebe an so viele Bedingungen geknüpft, dass sie nur selten zum Tragen kam. Ich lebte nach dem Motto: »Erst korrekt, dann gnädig.« Was im ersten Moment schockierend klingt, ist im zweiten Moment viel näher, als man denkt. Gnade, Lob, Belohnung, Dankbarkeit, Wertschätzung oder Annehmlichkeiten sind die Folge von korrektem, angemessenem oder von mir erwartetem Verhalten. Das korrekte Verhalten geht also der Belohnung oder Wertschätzung voraus. Und dieses richtige Verhalten kann nun mein Anstand, meine Leistung, mein Gehorsam, meine Hingabe, meine Ernsthaftigkeit oder meine Unterordnung sein. Diese Korrektheit führt dann zu Anerkennung, Zugehörigkeit, Beachtung, Belohnung und Akzeptanz. Nach diesem Motto habe ich gelebt und geglaubt, Beziehungen gepflegt und Kinder erzogen. Die konservativ-evangelikale Welt mit dem zugehörigen Gottesbild hat dieses Motto nicht korrigiert, sondern unterstützt und bestätigt. In meiner evangelikalen Prägung hat auch Gott so funktioniert: erst korrekt, dann gnädig. Gottes Gnade und Barmherzigkeit, sein Segen und seine Vergebung waren am Ende immer nur die Reaktion auf ein bestimmtes vorausgehendes Verhalten. Vergebung ist die Reaktion auf Reue. Gnade die Reaktion auf Glauben. Segen diejenige auf Gehorsam. Entgegen unserer vollmundigen Verkündigung ist Gottes Liebe ganz und gar nicht bedingungslos. Es sind eine Menge Bedingungen, die dieser Gott stellt, damit Menschen seine Gnade, seine Barmherzigkeit

Entgegen unserer vollmundigen Verkündigung ist Gottes Liebe ganz und gar nicht bedingungslos. Es sind eine Menge Bedingungen, die dieser Gott stellt, damit Menschen seine Gnade, seine Barmherzigkeit und seinen Segen empfangen können.

und seinen Segen empfangen können. Ich habe mich jahrzehntelang in einem Glaubenssystem bewegt, das mit dieser Wenn-dann-Gleichung rechnet. Gott möchte sehr gerne barmherzig sein, Gnade schenken und seinen Segen ausschütten – aber am Ende braucht es dazu den Gehorsam der Menschen, ihre Umkehr, ihren guten Willen, ihre Hingabe, ihren Glauben oder ihr Vertrauen. In manchem evangelikalen Glaubenssystem ist Gott immer der Reagierende. Vielleicht schenkt er vorausgehend ein wenig Geist oder Erleuchtung, wenn der Mensch dann aber nicht angemessen reagiert, bleiben auch die Gnade, das Erbarmen und der Segen aus. Dieses Motto zieht sich auch in unsere christlichen Kirchen und Gemeinden hinein. Trotz vielbeschworener Willkommenskultur funktionieren noch immer viele Kirchen nach dem Motto: believe, behave, belong:[57] Erst muss ein Mensch zum Glauben kommen, danach muss er diesen Glauben durch sein Verhalten unter Beweis stellen und dann erlebt er Zuwendung und Zugehörigkeit. Ich sehne mich nach Kirchen, deren Willkommenskultur aus belong, believe, behave besteht: Am Anfang stehen die Zuwendung und die Annahme. Das befähigt Menschen, Vertrauen zu entwickeln und zu glauben. Und nun hat dieser Glaube Auswirkungen auf Lebensstil und Verhalten. Gerade am Leben Jesu zeigt sich die krasse Umkehr dieses Lebensmottos. Wo andere korrekt sein wollten, lebt und predigt Jesus die Güte. An vielen Stellen überwindet Jesus die Korrektheit, Rechtgläubigkeit und Buchstabentreue des Gesetzes durch seine radikale Gnade und Barmherzigkeit:

- Während die Pharisäer die auf frischer Tat ertappte Ehebrecherin gemäß den Geboten der Tora zur Steinigung führen, verurteilt sie Jesus nicht. (Johannes 8,1–11)

---

57 Glauben, sich benehmen, dazugehören

- Während der Priester und der Levit dem Schwerverletzten am Wege nicht helfen, um sich nicht an dessen Blut oder Leiche zu verunreinigen, hilft und liebt der verachtete Samariter. (Lukas 10,25–37)
- Während die Menschen zu Recht den Zöllner Zachäus ausgrenzen, besucht ihn Jesus und isst mit ihm. (Lukas 19,1–10)
- Während die Schriftgelehrten den heidnischen Besatzern den Glauben absprechen, lobt Jesus den Glauben des römischen Hauptmanns. (Matthäus 8,5–13)
- Während der Pharisäer Simon korrekterweise eine stadtbekannte Prostituierte verurteilt, lässt sich Jesus von ihr berühren, die Füße waschen und salben. (Lukas 7,36–49)
- Während die Jünger die damals unbedeutenden Kinder wegschicken wollen, lässt Jesus sie zu sich kommen, umarmt sie und spricht ihnen das Reich Gottes zu. (Markus 10,13–16)
- Während die anderen davon ausgehen, dass der Blindgeborene oder seine Eltern gesündigt haben, verweigert sich Jesus diesem verurteilenden Denken und verherrlicht Gott durch dessen Heilung. (Johannes 9,1–3)
- Während die Römer einen Verbrecher zu Recht ans Kreuz nageln, verspricht ihm Jesus eine Zukunft im Paradies. (Lukas 23,32–43)
- Während im Judentum Frauen nicht geeignet waren für Zeugenaussagen, macht Jesus sie zu seinen Jüngerinnen und erwählt Gott sie als wichtigste Zeuginnen der Auferstehung. (Lukas 8,1–3; 24,1–12)

Ich bin all die Streitigkeiten über Bibelstellen, theologische Überzeugungen, Moral oder Gebote leid. Die Christenheit hat sich in den letzten 2.000 Jahren immer wieder gespalten,

Christen haben sich getrennt und konnten nicht mehr miteinander glauben, zusammen Abendmahl feiern, Gemeinschaft pflegen oder Gemeinde bauen. Die Kirche müsste der barmherzigste Ort der Welt sein und das Christentum die liebevollste Religion auf Erden. Aber das sind wir leider nicht. Die viel beschworene Bibeltreue, Rechtgläubigkeit und Wahrheit, nach der so viele Christen und Kirchen streben, hat allzu oft die Lieblosigkeit im Schlepptau. Ich glaube, dass der Heilige Geist uns ganz neu zur Liebe ruft. Geisterfülltes Leben ist ein Leben, das sich mit Haut und Haaren der Liebe verschreibt und sich durch nichts und niemanden davon abhalten lässt, diese Liebe zu verkündigen und im Alltag gegenüber allen Menschen konkret zu leben.

Die Kirche müsste der barmherzigste Ort der Welt sein und das Christentum die liebevollste Religion auf Erden.

Geisterfüllt leben in wenigen Worten

Geisterfüllt leben bedeutet geisterfüllt lieben. Die eine Frucht, die der Heilige Geist in Menschen wachsen lässt, ist Liebe. Sie zeigt sich in verschiedenen Facetten, ist konkret und anspruchsvoll. Es gibt einen Kern der biblischen Botschaft und aller Gebote: die Liebe zu Gott und dem Nächsten. Alle weiteren Elemente geistlichen Lebens verlieren ihren gesamten Wert ohne sie. Glaubenstraditionen sind immer ein Konstrukt. Ob die Entwicklung unseres Glaubens den richtigen Verlauf nimmt, zeigt sich am Maß unserer Liebe: uns zu liebevolleren und barmherzigeren Menschen zu machen.

8. Die Kraft der Freude

Geisterfüllt zu leben heißt für mich auch, in einen Lebensstil und eine Spiritualität der Freude hineinzuwachsen. Wenn es in diesem Buch darum geht, den Glauben stark zu machen, dann darf die Freude nicht fehlen. Eine besondere Faszination übt die Geschichte der Toralesung im Buch Nehemia auf mich aus. Der Priester Esra liest dem zurückgekehrten Volk aus der Tora vor, denn wegen ihrer 70-jährigen Gefangenschaft in Babylon hatten sie das Gesetz lange Zeit nicht mehr gehört. Viel Wissen über Gott, seine Heiligkeit und seinen Bund waren verlorengegangen. Als das Volk die Worte der Tora hörte, war es entsetzt, traurig und weinte. Sie hatten sich weit von Gottes Geboten entfernt. Aber Gott wollte das Volk nicht richten und verdammen, sondern sie erneut einladen in den Bund und die Beziehung zu ihm. Darum hatte Esra eine besondere Botschaft für sie: »*Und nun geht nach Hause, esst und trinkt! Bereitet euch ein Festmahl zu und feiert! Gebt auch denen etwas, die sich ein solches Mahl nicht leisten können! Dieser Tag gehört unserem Gott. Lasst den Mut nicht sinken, denn die Freude am HERRN gibt euch Kraft!*« (Nehemia 8,10 HfA) Die Freude am Herrn gibt euch Kraft, sie ist eure Stärke! Wenn wir einen starken Glauben wollen, dann sind Lebensfreude und Freude an Gott entscheidende Faktoren. Der Vers beschreibt gelebte

Wenn wir einen starken Glauben wollen, dann sind Lebensfreude und Freude an Gott entscheidende Faktoren.

Freude: genießen, feiern, ausgelassen sein, sich etwas gönnen, ein Festmahl bereiten und andere großzügig einladen. Das ist mehr als fromme innerliche Freudigkeit. Diese Freude konnte man sehen, riechen, schmecken. Sie war ansteckend und sinnlich. Für mich sind christliche Kreise nicht immer Orte spürbarer und zum Ausdruck gebrachter Freude. Wir singen von der Freude, lesen und predigen über sie, aber richtig spürbar und ansteckend ist sie eher selten.

Jesus und der Täufer

Wenn von geisterfülltem Leben die Rede ist, müssen wir unseren Blick auf die Freude und Fröhlichkeit Jesu richten. Ohne Übertreibung kann man sagen, dass neben seiner Barmherzigkeit die Fröhlichkeit sein Markenzeichen war. Was für manchen nicht auf den ersten Blick ersichtlich ist, wird mehr als deutlich im direkten Vergleich mit seinem Wegbereiter, Johannes dem Täufer. Einiges ist uns über die Herkunft und Familie des Täufers bekannt: *»Zu der Zeit, als König Herodes über das jüdische Land herrschte, lebte ein Priester namens Zacharias, der zur Priestergruppe Abija gehörte. Auch seine Frau stammte aus einer Priesterfamilie; sie hieß Elisabet. Beide führten ein Leben, das Gott gefiel; sie richteten sich in allem nach den Geboten und Anweisungen des Herrn. Da erschien ihm plötzlich der Engel des Herrn … Aber der Engel sagte zu ihm: ›Hab keine Angst, Zacharias! Gott hat dein Gebet erhört. Deine Frau Elisabet wird dir einen Sohn gebären, den sollst du Johannes nennen. … Denn er ist vom Herrn zu großen Taten berufen.‹«* (Lukas 1,5–15a GNB)

Zacharias und Elisabeth stammten beide aus einem ganz alten jüdischen Priestergeschlecht, Nachkommen von Aaron. Ihre Treue zum Gesetz war sicher auch der Grund, warum Zacharias nicht irgendeine Jüdin geheiratet hatte, sondern eine

Frau, die ebenfalls aus einem Priestergeschlecht stammte. Das war ein Zeichen von Familienstolz und treuer Gesetzesfrömmigkeit. Und nun wird die Geburt des lang ersehnten Kindes von einem Engel angekündigt. Über den zu erwartenden Sohn sagte der Engel: »*Als Gottgeweihter wird er keinen Wein und keine starken Getränke zu sich nehmen.*« (Lukas 1,15b GNB) Dieser Wortlaut klingt nach einer Anspielung auf das Gesetz über die Gottgeweihten, die sogenannten Nasiräer, das sich in 4. Mose 6 findet.[58] Normalerweise konnten Menschen für 30 Tage ein Nasiräergelübde ablegen, um sich für diese Zeit Gott ganz besonders zu weihen. In dieser Zeit war es strengstens verboten, in irgendeiner Form Alkohol zu sich zu nehmen. Nicht einmal Weintrauben waren erlaubt. Auch die Haare durfte man sich nicht schneiden. Jegliche Verunreinigung an unreinen Gegenständen oder unreinen Menschen war verboten, besonders aber an Toten. Und nun kam es vor, dass dieses Nasiräergelübde nicht nur für 30 Tage, sondern für ein ganzes Leben ausgesprochen wurde. Manchmal haben Eltern ihre Kinder für ihr Leben lang zu Nasiräern geweiht. Offensichtlich war das hier bei Johannes dem Täufer der Fall. Der Engel selbst spricht dieses Gelübde über Johannes aus.

Ein weiteres Detail aus dem Leben von Johannes kennen wir: »*Das Kind aber wuchs und erstarkte im Geist und war in der Wüste bis zum Tag seines Auftretens vor Israel.*« (Lukas 1,80 ELB) Wie kann es sein, dass Johannes in der Wüste lebte? Seine Eltern wohnten doch im Gebirge Judäas. Einige Ausleger gehen

---

58 »*Als n'zirim, ›Geweihte‹ (sg. nazir), werden im Alten Testament Personen bezeichnet, die zeitweilig oder lebenslänglich Weingenuß und Unreinheit (insbesondere Leichenberührung) vermeiden sowie ihr Haupthaar nicht scheren lassen. Dadurch sind sie von der Menge des Volkes abgesondert und befinden sich ständig in einem engen Verhältnis zu Gott, das sie zu besonderen Diensten geeignet macht.*« (Theologische Realenzyklopädie)

davon aus, dass Johannes eine Zeit lang bei einer sehr strengen jüdischen Wüstengemeinschaft aufgewachsen ist, wo er als Kind intensiv in den Geboten Gottes gefördert und unterrichtet wurde und man alles Unreine von ihm fernhielt und er somit vorbereitet wurde auf seinen Dienst unter dem Volk.[59] Bei seinem öffentlichen Auftreten trägt Johannes ganz im Stile eines alttestamentlichen Propheten ein Gewand aus Tierfell, bindet es mit einem ledernen Gürtel zusammen und ernährt sich von Heuschrecken und wildem Honig. Er führt ein außerordentlich asketisches Leben, wohnt zurückgezogen am Rande der Wüste, bewegt sich nicht in den Städten und Dörfern, lässt sich nicht einladen oder von irgendjemanden finanzieren, ist lange Einzelgänger und radikaler Bußprediger.

Seine Botschaft ist eine ernste Gerichtsbotschaft: *»Ihr Schlangenbrut! Wer hat euch auf den Gedanken gebracht, ihr könntet dem kommenden Gericht entgehen? ... Bringt Frucht, die zeigt, dass es euch mit der Umkehr ernst ist ... Die Axt ist schon an die Wurzel der Bäume gelegt, und jeder Baum, der keine guten Früchte bringt, wird umgehauen und ins Feuer geworfen.«* (Matthäus 3,7–10 NGÜ) Das ganze Volk – vom Zöllner bis zu den Soldaten – ruft er zur Buße und sagt ihnen, welches Verhalten sie in Zukunft an den Tag legen müssen. Er legt sich mit der politischen Führung an und kritisiert König Herodes wegen dessen unsittlichen Beziehung zu Herodias, die dieser seinem Bruder ausgespannt hatte. Mit Johannes war nicht zu spaßen!

---

59 Ethelbert Stauffer schreibt: *»Der Schluß drängt sich auf, dass Zacharias und Elisabeth ihren kleinen Sohn ... in die Obhut des Wüstenklosters am Toten Meer überwiesen haben, auf daß er dort im Geiste der sadokidischen Priesteropposition erzogen werde und zu gegebener Zeit den Ordenseid ablege. Dieser Schluß aber wird bestätigt durch eine Fülle zusätzliche Beobachtungen.«*

Und eines Tages begegnet dieser asketische Bußprediger seinem Verwandten Jesus aus Nazareth. Als Johannes ihn trifft, ist er sofort überwältigt: Hier begegnet ihm der lang ersehnte Messias. Das Johannesevangelium beschreibt das folgendermaßen: *»Am nächsten Tag kam Jesus zu Johannes. Als dieser ihn kommen sah, rief er: »Seht, hier ist das Opferlamm Gottes, das die Sünde der ganzen Welt wegnimmt! Er ist es, von dem ich sagte: ›Nach mir kommt einer, der größer ist als ich, denn er war schon vor mir da.‹«* (Johannes 1,29 f. NGÜ) Als Johannes Jesus tauft, kann er miterleben, wie der Heilige Geist in Gestalt einer Taube auf ihn herabkommt. Und so kann Johannes in aller Deutlichkeit aussprechen: *»Das habe ich nun mit eigenen Augen gesehen, und darum bezeuge ich, dass dieser Mann der Sohn Gottes ist.«* (Johannes 1,34 NGÜ) Für Johannes war der Fall klar: Vor ihm steht der Messias, der Sohn Gottes, der Gesalbte, der lang ersehnte König Israels. Daher ermutigte Johannes seine eigenen Jünger, in Zukunft Jesus nachzufolgen. Mit etwas Rührung konnte er sagen: *»Er ist der Bräutigam, ihm gehört die Braut. Der Freund des Bräutigams steht dabei und hört ihm zu und freut sich, seine Stimme zu hören. Das ist auch meine Freude; jetzt ist sie vollkommen.«* (Johannes 3,29 f. NGÜ) Johannes hatte sich darauf gefreut, zurückzutreten und dem Messias zuzuschauen, wie er das Volk zu Buße, Reinheit und Gehorsam führen würde. Er war nur Wegbereiter für die kommende große Umkehr und Buße Israels. Und Johannes war gespannt, wie dieser Messias nun das Gericht Gottes an den Sündern vollziehen würde: *»Er hat die Worfschaufel in der Hand, um die Spreu vom Weizen zu trennen. Den Weizen wird er in die Scheune bringen, die Spreu aber wird er in nie erlöschendem Feuer verbrennen.«* (Lukas 3,17 NGÜ) Das war die klare Erwartung des Täufers an Jesus. Doch einige Monate später sind diese Erwartungen enttäuscht und die Gewissheit ist völliger Verunsicherung gewichen. Johannes will von Jesus wissen: »*Bist du wirklich der Retter, der kommen soll, oder müssen wir auf einen anderen warten?*« (Matthäus 11,3 HfA) Was ist in diesen Monaten geschehen, das Johannes so an Jesus zweifeln ließ?

Jesus beginnt seinen Dienst und hält seine Antrittspredigt in seinem Heimatort Nazareth. Er leitet seine Sendung mit einem Zitat aus den Propheten Jesaja ein: »*Der Geist des Herrn ruht auf mir, denn der Herr hat mich gesalbt. Er hat mich gesandt mit dem Auftrag, den Armen gute Botschaft zu bringen, den Gefangenen zu verkünden, dass sie frei sein sollen, und den Blinden, dass sie sehen werden, den Unterdrückten die Freiheit zu bringen, und ein Jahr der Gnade des Herrn auszurufen.*« (Lukas 4,18 f. NGÜ) Interessanterweise bricht Jesus diese Lesung aus dem Buch Jesaja mitten im Satz ab. Jesus lässt den Teil weg, der für Johannes den Täufer wahrscheinlich der Wichtigste gewesen wäre. Bei Jesaja steht nämlich: »*... auszurufen das Gnadenjahr des HERRN und den Tag der Rache für unsern Gott ...*« (Jesaja 61,2 ELB) Jesus endet die Beschreibung seines Dienstes mit dem Gnadenjahr und eben nicht mit dem Zorn und der Rache Gottes. Johannes der Täufer muss befremdet gewesen über die seltsame Auslassung dieses wichtigen Satzes.

Und kurz darauf vollbringt Jesus sein allererstes Wunder. »*Dieses Wunderzeichen in Kana in Galiläa war das erste, das Jesus tat. Damit offenbarte er seine Herrlichkeit, und seine Jünger glaubten an ihn.*« (Johannes 2,11 NeÜ) Wenn ihr als Gott auf diese Welt kommen würdet und nun euer allererstes Wunder vollbringt, was für ein Wunder würdet ihr wählen? Was bringt eure Herrlichkeit und Größe am meisten zum Ausdruck? Jesu erstes Wunder war keine Krankenheilung, keine Stillung des Sturms, keine Dämonenaustreibung und keine Bekehrung von Menschenmassen. Es war die Verwandlung von Wasser in 600 Liter besten Wein während einer feucht-fröhlichen Dorfhochzeit.[60] An diesem Punkt war Johannes der Täufer nicht nur befremdet – er war schockiert. Er selbst trinkt keinen Wein, rührt keinen Tropfen an und dieser Jesus verschafft den bereits angetrunkenen Hochzeitsgästen Nachschub! Leider ging es immer so weiter: Jesus predigt keine radikale Buße wie Johannes, sondern lässt sich von Sündern und Zöllnern zu üppigen Festmahlen einladen. Er lässt sich von Prostituierten die Füße salben und hat Frauen als Jüngerinnen. Die für Johannes so wichtigen Speisegebote entschärft Jesus und erklärt alle Speisen für rein. Und die Einhaltung des Sabbats, was Dreh- und Angelpunkt tiefer jüdischer Frömmigkeit war, relativiert Jesus, indem er erklärt, dass nicht der Mensch für den Sabbat, sondern der Sabbat für den Menschen da sei. Die Jünger des Johannes fasten wöchentlich, wohingegen die Jünger von Jesus so gut wie gar nicht fasten. Und während andere beim Fasten ihrem Verzicht auch äußerlich Ausdruck verleihen und ungekämmt und ungewaschen umherlaufen, empfiehlt Jesus: *»Wenn du aber fastest, dann pflege dein Haar und wasche dein Gesicht.«* (Matthäus 6,17 NeÜ) Der Unterschied zwischen Jesus und Johannes hätte nicht größer sein können. Es hatte sich im ganzen Volk herumgesprochen, wie gegensätzlich diese beiden Männer waren. Jesus selbst sagt: *»Johannes ist gekommen, hat gefastet und keinen Wein getrunken, und schon hat es geheißen: ›Er ist von einem bösen Geist besessen.‹ Der Menschensohn ist gekommen, isst und trinkt wie jedermann, und da heißt es: ›Was für ein Schlemmer und Säufer, dieser Freund der Zolleinnehmer und Sünder!«* (Matthäus 11,18 f. NGÜ) Ich habe mich immer gefragt, wie radikal asketisch man sein muss, um beim Volk als besessen zu gelten und wie radikal ausgelassen und lebensfroh man sein muss, um zu den

60 Vgl. Johannes 2,1–12

Schlemmern und Säufer gezählt zu werden? Jesus ist Letzteres auf alle Fälle gelungen.

Johannes kann sich nicht mehr vorstellen, dass ein Mensch, der sich so verhält und feiert, über den das Volk so redet, der Ehebrecherinnen nicht verurteilt, seine Jünger am Sabbat Ähren ausreißen lässt, mit Zöllnern speist und Frauen bedenklich nahe an sich heranlässt, der Sündern so zugewandt ist und nicht ständig von Zorn und Gericht redet, wirklich der Messias sein kann. Vorbei ist seine anfängliche Gewissheit, in Jesus den Gesalbten gefunden zu haben. Dieser Messias ist ihm zu fröhlich, zu lebensfroh, zu sehr bei den Menschen, den Städten, den Feiern, den Sündern, dem Singen und Tanzen. Er fastet zu wenig und trinkt zu viel. Er nimmt zu viel Haargel und trägt zu gute Kleidung.

Ich bin in meinem Leben vielen Menschen begegnet, die ein Jesusbild in ihren Köpfen tragen, das eher dem des Täufers entspricht: ein ernster, strenger Jesus. Dahinter steckt das Denken, dass bestimmte Dinge einfach nicht zusammenpassen: Frömmigkeit und Fröhlichkeit, Heiligkeit und Heiterkeit, Buße und Genuss, Ernsthaftigkeit und Leichtigkeit. Dieser Jesus, durch den Gott sich selbst in die Welt sendet, verkörpert Lebensfreude, Zuwendungskraft, die Fähigkeit zum Genuss, ausgelassene Freude und Fröhlichkeit – gepaart mit herzlicher Liebe und Erbarmen! Ich plädiere dafür, dass wir ein Jesusbild entwickeln, das dem der Evangelien entspricht und nicht dem Denken von Johannes dem Täufer. Johannes war ein großartiger Mann, er hatte eine einzigartige Aufgabe, aber er hatte auch ein Bild von Jesus und von Frömmigkeit in seinem Kopf, das ihn am Ende dazu brach-

Dahinter steckt das Denken, dass bestimmte Dinge einfach nicht zusammenpassen: Frömmigkeit und Fröhlichkeit, Heiligkeit und Heiterkeit, Buße und Genuss, Ernsthaftigkeit und Leichtigkeit.

te, an diesem Jesus zu verzweifeln. Er hatte durch seine Familie, seine Herkunft, die Kreise, in denen er aufwuchs, bestimmte Vorstellungen und Prägungen entwickelt, die einfach nicht zusammengepasst haben mit einem fröhlichen Messias. Jesus ist die Verkörperung einer Spiritualität der Freude. Ich bedaure es, dass einige Teile unseres christlichen Lebens, unserer Gottesdienste und unserer christlichen Praxis mehr von Johannes dem Täufer und seiner asketischen Frömmigkeit geprägt sind als vom Lebensgefühl und Lebensstil Jesu. Wie Johannes haben manche Christen Angst, sich mit den falschen Leuten zu identifizieren, wenn es um ausgelassene Freude oder Fröhlichkeit geht. Ich möchte werben für eine Spiritualität der Freude. Das sollte unser Markenzeichen sein, dafür sollten wir bekannt sein. Denn kaum etwas ist ansteckender als Freude und Lachen. Wir sollten immer wieder daran denken, dass wir eine Freudenbotschaft verkündigen. Friedrich Nietzsche hatte recht, als er sagte: »Bessere Lieder müssten sie mir singen, dass ich an ihren Erlöser glauben lerne: Erlöster müssten mir seine Jünger aussehen!« Eine Spiritualität der Freude ist sich bewusst, dass Freude und Gottes Geist eng miteinander verbunden sind. Wo Gott, sein Geist und seine Gegenwart sind, dort ist Freude in Fülle. Freude erleben, fröhlich sein, anderen Freude machen, für eine fröhliche Stimmung sorgen, all das bringt geisterfülltes Leben zum Ausdruck.

Freude: Ziel nicht Dauerzustand

Manche werden jetzt vielleicht denken: Aber man kann doch nicht immer nur fröhlich sein, das Leben beinhaltet doch auch viel Leid und Schweres. Das stimmt natürlich, das habe ich oft genug am eigenen Leib, in der eigenen Familie und im eigenen Umfeld erfahren. Ich plädiere auch nicht für ein Dauergrinsen, eine Happy-Clappy-Stimmung oder eine Spaßgesellschaft. Aber gerade im Schwierigen, im Schmerzlichen, im Düsteren und im Traurigen brauche ich nichts mehr als Freude, Ermutigung und Zuversicht. Freude ist nicht mein Dauerzustand, aber mein Dauerziel! Wenn Paulus schreibt: *»Freut euch allezeit!«* (1. Thessalonicher 5,16 ELB), dann meint er genau das. Auch Paulus sah sich großen Herausforderungen und Schwierigkeiten gegenüber, aber er verlor nie das Ziel aus den Augen: die Freude! Die Aufforderung, sich immer zu freuen, ist genauso paradox wie die Aufforderung, den zu segnen, der einen verflucht, den zu lieben, der einen verachtet, oder dem zu leihen, von dem man nichts zurückerwarten kann. Die Bibel macht solche Aufforderungen nicht, weil wir sie aus dem Ärmel schütteln könnten, sondern weil sie durch die Kraft und Befähigung des Heiligen Geistes möglich werden: Mit Gottes Liebe können wir auch den Feind lieben; mit Gottes Langmut können wir auch den segnen, der uns verflucht; mit Gottes Großzügigkeit können wir dem leihen, der nichts zurückgibt; und mit Gottes Freude können wir uns freuen, auch wenn das Leben um uns herum beschissen ist. Freude ist nicht nur etwas für Frohnaturen oder Optimisten, sondern das Ergebnis eines Wachstumsprozesses, der uns alle zu mehr Freude und Fröhlichkeit führt, unabhängig von unserem Charakter. Freude ist nicht nur dann echt, wenn kein Körnchen Traurigkeit, Schwere oder Leid daruntergemischt ist, sondern wenn ich sie mir von ganzem Herzen wünsche. Eine Spiritualität der Freude hat erkannt, dass es kaum eine geistlichere Übung gibt, als Freude zu bereiten, zu lachen und fröhlich zu sein. Geisterfülltes Leben zeigt sich nicht nur in der Liebe, sondern auch in der Freude eines Menschen. Wo der Geist Gottes wirkt, einen Menschen erfüllt und bewegt, da werden Liebe und Freude sichtbar. Eine verbissene Spiritualität, gesetzliche Frömmigkeit, permanente Lustfeindlichkeit und geistliche Schwerfälligkeit sind für mich eher Zeichen der Abwesenheit des Geistes. Aber wo der Geist des Herrn ist, da entsteht die Freiheit, zu lieben und sich zu freuen.

Die Kraft der Freude in wenigen Worten

Kraftvoller Glaube ist eng verknüpft mit Freude. Die Freude am Herrn ist unsere Stärke. Im Vergleich mit Johannes dem Täufer wird deutlich, wie sehr der Charakter, das Leben und der Dienst Jesu von Freude und Fröhlichkeit geprägt waren. Geisterfülltes Leben zeigt sich darin, dass die Lebensfreude, die Fröhlichkeit, und das Lachen in unserem Leben zunehmen. Dabei ist Freude kein Dauerzustand, sondern ein Ziel, zu dem uns der Heilige Geist trotz aller Herausforderungen des Lebens immer wieder bewegen möchte.

9. Die Kraft der Inspiration

Wie in Kapitel 4 beschrieben, bezeichnet die Inspiration der Bibel für mich nicht die vollkommene und fehlerlose Entstehung der biblischen Texte, sondern vielmehr ihre Kraft, Menschen bis heute zu inspirieren. Der Heilige Geist wirkt durch die Texte der Bibel und inspiriert dadurch Menschen. Diese Inspiration erzeugt im Herzen, in der Seele und im Denken der Menschen Resonanz. Etwas von Gott wird durch diese Texte spürbar. Diese Erfahrung der Inspiration ist für mich ein wesentliches Merkmal eines geisterfüllten Lebens. Inspiration ist eine zutiefst kraftvolle Erfahrung, die eng mit innerer Lebendigkeit zusammenhängt. Das Wort Inspiration stammt vom lateinischen »inspiratio« und meint das Einhauchen, das Hineinatmen, die Beseelung. Inspiration als Einhauchen des Lebensatems wird in der Bibel zur ersten Handlung Gottes am Menschen. Es ist der erste Ausdruck von Gottesbeziehung. Bei der Erschaffung des Menschen heißt es: *»Dann formte Jahwe-Gott den Menschen aus loser Erde vom Ackerboden und hauchte Lebensatem in sein Gesicht. So wurde der Mensch ein lebendes Wesen.«* (1. Mose 2,7 NeÜ)[61] Bei diesem Akt der Inspiration Gottes erhält der Mensch sein Leben, seine Lebenskraft und -energie und seine Verbundenheit mit der Quelle des Lebens,

---

61 In der lateinischen Übersetzung dieser Stelle steht: »inspiravit in faciem eius spiraculum vitae.«

Gott selbst. Als es im Neuen Testament dann um den Empfang des Heiligen Geistes geht, imitiert Jesus diese Geste aus der Schöpfungserzählung seinen Jüngern gegenüber: *»Friede sei mit euch!«*, sagte er noch einmal zu ihnen. *»Wie der Vater mich gesandt hat, sende ich nun euch.«* Dann hauchte er sie an und sagte: *»Empfangt Heiligen Geist!«* (Johannes 20,21–22 NeÜ) Ähnlich wie in der Schöpfungserzählung haucht Jesus den Heiligen Geist in die Jünger hinein, wodurch sie ihre neue geistliche Lebenskraft und Lebensenergie beziehen. Die Erfahrung der göttlichen Inspiration ist unmittelbar verbunden mit dem Empfang von geistlichem Leben und geistlicher Kraft. Geisterfülltes Leben ist nicht denkbar ohne die Erfahrung der Inspiration in unserem Glauben.

In Johannes 16 bereitet Jesus die Jünger auf seinen Weggang vor und tröstet sie mit der Verheißung des Heiligen Geistes, der zukünftig ihr Leben erfüllen soll: *»Ich hätte euch noch viel zu sagen, aber ihr wärt jetzt überfordert. Doch wenn der Helfer kommt, der Geist der Wahrheit, wird er euch zum vollen Verständnis der Wahrheit führen. Denn was er sagen wird, wird er nicht aus sich selbst heraus sagen; er wird das sagen, was er hört. Und er wird euch die zukünftigen Dinge verkünden. Er wird meine Herrlichkeit offenbaren; denn was er euch verkünden wird, empfängt er von mir.«* (Johannes 16,12–14 NGÜ)

Ein wichtiges Kennzeichen geisterfüllten Lebens ist es, dass man die Wahrheit mehr und mehr erfasst. Jesus hätte seinen Jüngern und Jüngerinnen noch so vieles zu sagen, aber das würde er schrittweise tun. Der Geist will jeden von uns in alle Wahrheit führen. Wir können wachsen in unserer geistlichen Erkenntnis. Der Geist will uns lehren, was Jesus sonst noch zu sagen hat. Und Jesus sagt hier nicht, dass die Bibel uns die Wahrheit vollständig erfassen lässt. Die Wahrheit ist größer als die Bibel. Durch alle Zeiten und Generationen hinweg spricht

Gott nicht nur durch die Bibel, sondern auch durch seinen Geist zu Menschen und führt sie in die Wahrheit hinein. Ein geisterfüllter Mensch hat immer wieder Momente, in denen er zutiefst Wahres erkennt und inspiriert wird.

Für mich persönlich gehört dieses Inspiriertwerden zum Schönsten an meiner Beziehung zu Gott. Es sind diese geistlichen Aha-Momente, die Eingebungen, die guten Gedanken, die Infusion von Kraft, Zuversicht, innerer Stärke oder Ausdauer. Gott spricht in der Regel nicht mit hörbarer Stimme zu uns. Es landen kaum anonyme Briefe mit Lösungen und Antworten in unseren Briefkästen. Und wahrscheinlich erscheint uns auch kein Engel im Schlaf. Und doch glaube ich, dass Gott uns Eingebungen, Inspirationen, Erkenntnisse, Lösungen und neue Perspektiven schenken möchte. Das können Einsichten sein, die ein geistliches Thema, eine Bibelstelle, eine moralische Frage, unser Verständnis von Gott, Glauben oder Gemeinschaft betreffen. Es kann aber auch eine Inspiration für unsere Kindererziehung, unseren Beruf, unsere Ehe, unsere finanzielle Situation oder unsere Beziehungen sein. Inspiration kann Türen in unserem Kopf aufstoßen, wo wir Denkblockaden und Zweifel haben oder in einer Sackgasse stecken. Wo immer ich diese Momente der Inspiration erlebe, spüre ich Kraft in meiner Seele, und es erhöht den Energielevel meines Lebens. Inspiration ist wie Treibstoff für meine Seele, ich kann dadurch Dinge anpacken, den nächsten Schritt gehen und wieder in Gang kommen. Inspiration ist erlebte Kommunikation mit Gott. Und wenn diese Kommunikation durch Inspiration fehlt, fühlt sich der Glaube abgestanden, alt, kraftlos und passiv an. Petrus erlebt etwas von dieser Kraft der Inspiration, wenn er zu Jesus sagt: *»Herr, wohin sollen wir gehen? Du hast Worte des ewigen Lebens.«* (Johannes 6,68 NGÜ) Ich kann nicht genau erklären, was da geschieht, aber wenn der Heilige Geist mich durch Texte der Bibel, durch Kunst und Kreativität, durch die Natur, durch Musik, durch Gespräche, einen Podcast, eine Predigt, einen Schmerz, einen Spielfilm oder was auch immer inspiriert, dann findet Kraftübertragung statt. Der Heilige Geist rührt etwas in meinem Inneren an. Er erzeugt in meinem Inneren Resonanz dem Willen und den Gedanken Gottes gegenüber. Inspiration regt mein eigenes Potenzial an und verleiht mir eine innere Lebendigkeit. Da fließt Energie Gottes in mich hinein. Inspiration ist wie ein Impuls Gottes, den er in mein Leben setzt. Wer solche Impulse des Heiligen Geistes erlebt, erlebt etwas vom Pulsschlag Gottes, denn im Wort »Impuls« steckt nicht umsonst der Begriff »Puls«. In diesem Sinne ist der Geist Gottes auch der Herzschrittmacher meines Glaubens! Unsere Beziehung bleibt durch den Geist Gottes lebendig, kommunikativ, dialogisch, spannend und relevant.

Inspiration regt mein eigenes Potenzial an und verleiht mir eine innere Lebendigkeit. Da fließt Energie Gottes in mich hinein.

Ich übe diese Kommunikation durch Inspiration nun seit Jahren ein. Sie widerfährt mir selten nebenbei. Aber ich kann mich oft darauf verlassen, dass ich Gottes Inspiration erlebe, wenn ich mir Zeit für ihn nehme. Entscheidend ist, meinen Kraftort zu finden, meine persönlichen Orte der Inspiration zu entdecken.

Makom – Orte der Gottesbegegnung

»Makom« ist ein hebräisches Wort und meint zunächst einmal nichts anderes als Ort oder Platz. Es wird in der hebräischen Bibel aber auch zum Synonym für eine besondere Stätte, an der eine Begegnung mit Gott geschieht. Es geht dabei um einen Raum, an dem wir Gott erleben, seiner Gegenwart begegnen und dadurch inneres Feuer, Inspiration und Kraft gewinnen. Die Geschichte von Jakob und der Himmelsleiter wäre solch ein Beispiel.[62] Eine andere Stelle im Alten Testament, die von solch einem Ort der Gottesbegegnung spricht, findet sich in 2. Mose 33. Nachdem das Volk Israel auf der Wüstenwanderung das goldene Stierbild gemacht und sich damit dem ausdrücklichen Gebot Gottes widersetzt hatte, kam es zu chaotischen Szenen. Die ganze Feier um das goldene Kalb artete zu einem zuchtlosen Gelage aus. Mose hatte gerade die Zehn Gebote empfangen, kam vom Berg Sinai herunter und zerbrach vor Entsetzen die beiden Steintafeln. Gott wollte daraufhin das Volk vernichten, Mose setzte sich aber für das Volk ein und am Ende starben trotzdem 3.000 Menschen. Zuletzt begab sich das Volk in Sack und Asche, kehrte um und wandte sich Gott wieder zu. Mose war fix und fertig, innerlich angeschlagen, geschwächt und desillusioniert durch diese Vorfälle und so bat er Gott, in seine Gegenwart kommen zu dürfen, um dessen Nähe ganz unmittelbar zu erfahren. Er brauchte diese Neuorientierung, diese innere Kräftigung und Ermutigung. Der Text beschreibt: *»Mose bat: ›Lass mich dich in deiner Herrlichkeit sehen!‹ Gott antwortete: ›Ich selbst werde all meine Güte an dir vorüberziehen lassen und den Namen Jahwe vor dir ausrufen ... Du kannst mein Gesicht nicht sehen, denn kein Mensch, der mich sieht, bleibt am Leben.‹ Jahwe sagte weiter: ›Pass auf! Hier auf dem Felsen ist ein Platz bei mir (Makom). Da kannst du stehen. Wenn dann meine Herrlichkeit vorüberzieht, werde ich dich in einen Felsspalt stellen und meine Hand als Schutz über dich halten, bis ich vorüber bin. Dann werde ich meine Hand*

62 1. Mose 28,16 f.: *»Da erwachte Jakob und sagte: ›Tatsächlich, Jahwe ist an diesem Ort, und ich habe es nicht gewusst.‹ Er fürchtete sich und rief: ›Ehrfurcht gebietet dieser Ort! Hier ist wirklich das Haus Gottes, das Tor des Himmels.‹«* (NeÜ)

wegnehmen, und du kannst mich von hinten sehen. Aber mein Gesicht darf nicht gesehen werden.‹« (2. Mose 33,18–23 HfA)

Gott schafft für Mose einen Ort der Begegnung, einen Ort seiner Gegenwart, wo er Gott sehen, erleben und spüren darf. Und dort geschieht etwas Spezielles: Hier erhält Mose eine neue Strahlkraft, er beginnt, von innen heraus zu leuchten und wird zum Licht für das Volk Israel. Denn als Mose wieder vom Berg, von diesem Makom herabkommt, lesen wir: *»Dann stieg Mose mit den beiden steinernen Tafeln in der Hand vom Berg herab. Er wusste aber nicht, dass sein Gesicht leuchtete, weil er mit dem Herrn gesprochen hatte. Als Aaron und die Israeliten das Leuchten auf Moses Gesicht sahen, hatten sie Angst sich ihm zu nähern.«* (2. Mose 34,29 NLB) Gott schafft auch für uns Räume, an denen er etwas in uns zum Leuchten bringt, an denen er uns erleuchtet und damit inspiriert.

Ich bin davon überzeugt, dass Gott überall auf der Welt gegenwärtig und am Wirken ist. Und doch spüren wir seine Gegenwart nicht andauernd. Es stellt sich also die Frage, was für uns, mit unsrer speziellen Prägung, unserem Charakter und unserer geistlichen Wahrnehmungsfähigkeit der beste Ort ist, um Gott und der Kraft seines Geistes zu begegnen? Was ist dieser Platz, was ist Makom in unserem Leben? An welchen Orten, in welchen Räumen oder übertragen auch: zu welchen Zeiten sind wir besonders empfänglich für Inspiration und Gottesbegegnungen? Wo ist unser sicherer Ort, unser Rückzugsort, unser Ort des Vertrauens, an dem Gott uns neu füllen, kräftigen und inspirieren kann? Für viele Menschen ist ihr Kraftort das Gebet. Gerade auch in Form von Lobpreis und Anbetung. Für andere ist es die Bibel. Manche erleben Gottesdienste,

Wo ist unser sicherer Ort, unser Rückzugsort, unser Ort des Vertrauens, an dem Gott uns neu füllen, kräftigen und inspirieren kann?

Stille, das Abendmahl, Atmen, tiefe Gespräche, Gebetszeiten, Rituale, Lesen, Podcastshören, Fahrradfahren, Joggen, die Natur, Kunst oder Kreativität als Orte, an denen sie in besonderer Weise Inspiration erleben und Gotteserfahrungen machen. Wichtig ist, dass wir unsere Orte finden. Sie können zu Katalysatoren für die Erfahrung der Inspiration werden.

Gebetsspaziergang

Ich persönlich habe über die Jahre hinweg die Erfahrung gemacht, dass mein Makom der Gebetsspaziergang im Wald ist. Mein innerer Mensch wird dabei besonders gut erneuert und gestärkt. Gebetsspaziergänge haben sich für mich über viele Jahre bewährt. Ich versuche, möglichst regelmäßig von Montag bis Freitag einen Gebetsspaziergang zu machen. Wenn meine Kinder morgens um 7:20 Uhr zur Schule gehen, mache ich mich auf den Weg in den Wald. Ein Gebetsspaziergang verbindet verschiedene wertvolle Elemente, die alle einen Beitrag für meine innere Kraft und Erneuerung leisten.

- Zum einen bin ich in der *Natur*, in Gottes Schöpfung. Dieses Erlebnis tut meinem inneren Menschen gut. Fast täglich begegnen mir irgendwelche Tiere: Spechte, Rehe, Hasen oder Eichhörnchen. Ich sehe faszinierende Felsen und beobachte, wie sich die Natur umgestürzte Bäume wieder einverleibt.
- Zum anderen habe ich ungestörte Zeit zum *Beten*. Ich begegne auf meinem Gebetsspaziergang kaum anderen Menschen und darum kann ich auch immer wieder laut beten, ohne dass die Leute denken, dass ein Irrer durch den Wald läuft, der Selbstgespräche führt. Ich kann in diesen Zeiten Gott alles hinlegen, was mich beschäftigt, für wichtige Anliegen beten und ihm mein Herz ausschütten.

- Zum Dritten mache ich auf diesen Gebetsspaziergängen *Gotteserfahrungen*, indem ich von Gott Impulse bekomme und sein Reden erlebe. Für mich sind diese Gebetsspaziergänge oft die kreativsten Zeiten meines Tages.[63]
- Und zum Vierten tue ich meinem äußeren Menschen auch noch etwas Gutes, indem ich mich *bewege*. Ich erreiche durch diesen Gebetsspaziergang normalerweise jeden Tag meine 10.000 Schritte und tue etwas für meine Gesundheit.

Es gibt Phasen, da sind meine Gebetsspaziergänge intensiv, kreativ und inspirierend. Und es gibt Phasen, da sind diese Gebetsspaziergänge vor allem eines: simple Spaziergänge. Über die letzten 30 Jahre kenne ich beides zur Genüge. Aber ich habe gemerkt, dass sie meinem inneren Menschen guttun – egal ob geistlich intensiv oder nur als Spaziergang. Darum empfehle ich, diese Gebetsspaziergänge einfach einmal auszuprobieren und zu sehen, was sie mit dem inneren Menschen machen. Wahrscheinlich muss jeder seine eigene Zeit und seinen eigenen Rhythmus finden, abhängig von der jeweiligen Lebens- oder Arbeitssituation. Aber die Mischung aus Natur, Gebet, Gotteserfahrungen und Gesundheit sind eine coole Kombination.

---

63 Es gibt inzwischen wissenschaftliche und medizinische Studien, die belegen, dass Menschen, die gehen, deutlich kreativer sind als diejenigen, die nur sitzen. So kann man in der Zeitschrift »Wissenschaft aktuell« einen Artikel von Joachim Czichos über die Studie von zwei Wissenschaftlern der Stanford Universität lesen: *»Beim Gehen hat man mehr kreative Ideen als im Sitzen. Diese oft berichtete Erfahrung bestätigt jetzt eine amerikanische Studie. Selbst das gemächliche Gehen auf einem Laufband fördert die Kreativität, wenn auch weniger stark als ein Spaziergang im Freien.«*

Inspiration praktisch
Machen wir das Ganze einmal praktisch. Nehmen wir an, uns beschäftigt irgendeine Frage oder Herausforderung:

- Wie können wir als Eltern mit dieser schwierigen Phase unseres Kindes umgehen?
- Wie komme ich mit meinem Projekt bei der Arbeit weiter, das momentan feststeckt?
- Wie gehe ich mit meinem Neid um, der immer wieder meine Beziehungen belastet?
- Wie kann ich diese herausfordernde Bibelstelle im Alten Testament verstehen?

Wie komme ich nun von diesen Fragen und Herausforderungen zur Inspiration? Für diesen Prozess helfen mir im Allgemeinen vier Phasen:

1. Phase: Stimulation
Ich versuche, meinen Geist zu stimulieren, ihn anzuregen, ihm Futter zu geben. Vielleicht lese ich einen Text in der Bibel oder in einem Buch, vielleicht höre ich einen Podcast, eine Predigt oder ein Anbetungslied. Ich liefere meinem Geist etwas, das er verdauen kann. Mein geistlicher Stoffwechsel kommt dadurch in Schwung. Diese Stimulation reißt mich heraus aus der gedanklichen Verflechtung in den Alltag oder der Fixierung auf meine Probleme und Herausforderungen. Ich beschäftige mich mit etwas anderem und kann dadurch auch auf neue und andere Gedanken kommen.

2. Phase: Kontemplation
Als Nächstes suche ich nun mit meinen Fragen oder meinen Herausforderungen meinen Makom auf. Ich mache mich auf den Weg in den Wald. Ich lasse die Schönheit der Natur, den

Himmel, die Ruhe, Gerüche oder andere sinnliche Erfahrungen auf mich wirken. Dort mache ich mir auch Gedanken über das, was ich gerade gelesen oder gehört habe. Ich komme bewusst zurück zu der Frage, die ich mitgebracht habe und die mich beschäftigt. Ich konzentriere mich, lasse meine Gedanken fließen, öffne mich, entwickle Neugier und werde ehrlich.

3. Phase: Kommunikation

In dieser Phase versuche ich, mit Gott ins Gespräch zu kommen. Ich erzähle ihm all das, was mir durch den Kopf geht, lasse ihn Anteil haben an meinen Gedanken, rede mit ihm darüber – ungefiltert, unzensiert, einfach mal raus damit. Beten bedeutet für mich in allererster Linie: Gott mein Herz zeigen. Gerade die Psalmen machen uns vor, dass man Gott alles sagen kann. Vor ihm darf alles sein: Dank, Jubel, Sehnsucht, Zweifel, Zorn, Wut, Angst, Verwirrung, Betteln und Rühmen. Gott kommt klar damit! Ich darf ihm all das zeigen, was in meinem Herzen steckt. Ich muss vor Gott keine Masken tragen und nichts beschönigen. Und mir ist natürlich bewusst, dass Gott meine Gedanken schon lange kennt, aber wahrscheinlich hat das Aussprechen dessen, was mein Herz beschäftigt, vor allem für mich selbst klärende und reinigende Wirkung.

Beten bedeutet für mich in allererster Linie: Gott mein Herz zeigen.

In der Phase der Kommunikation findet auch Fürbitte statt, bei der ich Gott all meine Sorgen und Anliegen sagen darf. Ich kann dadurch loslassen, was mich belastet, frei werden, Gottes Segen erbitten, die Dinge vertrauensvoll in seine Hand legen und damit ablegen, was mir oft den Blick für den nächsten Schritt verstellt.

4. Phase: Inspiration

Nicht immer, aber häufig, erlebe ich dann eine Phase der Inspiration. Beim Reden mit Gott kommen mir plötzlich Einsichten, Gedanken, Gesichtspunkte oder Perspektiven, die ich so noch nicht hatte, und die eine Antwort auf meine Fragen oder Sorgen darstellen. Zu anderen Zeiten finde ich zwar keine Lösungen, erlebe aber neue Motivation, Trost oder Ermutigung für meine Situation. Oft verwandelt sich das, was ich an Stimulation mitgebracht habe, zur Inspiration. Aus der Weisheit eines anderen wird meine persönliche Erleuchtung. Gottes Geist verwandelt meine Bruchstücke oder Gedankenfetzen zu einem Gesamtbild. Das Knäuel in meinem Kopf entwirrt sich und ich bekomme Klarheit. Aus der Komplexität der Situation tritt plötzlich etwas hervor und offenbart sich mir als Wegweisung und Führung. All das sind Elemente der Inspiration, die uns Gottes Geist schenken möchte. Ich nutze in solchen Momenten mein Smartphone, um diese inspirierenden Gedanken festzuhalten (zum Beispiel per Diktierfunktion oder Notiz-App). Ich möchte nicht den Rest meines Gebetsspazierganges damit zubringen, mir diese inspirierenden Gedanken merken zu müssen und ab dann nicht mehr offen zu sein für Gottes weiteres Reden. Ich versuche vielmehr, in einen Kreislauf oder Flow dieser vier Phasen hineinzukommen. Die in der Inspirationsphase neu gewonnene Einsicht dient wiederum zur Stimulation meines Geistes, über die ich mir weitere Gedanken mache (Kontemplation), über die ich dann wieder mit Gott ins Gespräch komme (Kommunikation), woraufhin oftmals ein weiteres Stück Inspiration hinzukommt. Ich erlebe diesen Flow immer wieder. Wichtige Erkenntnisse über meinen Charakter oder mein Verhalten habe ich hier gewonnen, die mir Veränderung und Wachstum ermöglicht haben. Einen Großteil der Gedanken für meinen regelmäßigen Podcast »Movecast« gewinne ich in diesen Zeiten. Wichtiges in der Bibel erschließt sich mir in diesem Prozess. Und so manche Predigt wurde im Wald geboren.

Stimulation, Kontemplation, Kommunikation und Inspiration. Diese vier Schritte sind für mich praktisches Pflegen eines geisterfüllten Lebens.

Die Kraft der Inspiration in wenigen Worten

Geisterfülltes Leben ist ein inspiriertes Leben. Gottes Geist möchte uns inspirieren und in seine Wahrheit führen. Die Erfahrung der Inspiration, Gottes Stimme hören, Impulse spüren und von ihm Antwort bekommen, haben enorm stärkende Auswirkung auf unseren Glauben. Es gibt Orte und Zeiten, an und in denen wir besonders empfänglich sind für Gottes Impulse. Der Kreislauf aus Stimulation, Kontemplation, Kommunikation und Inspiration kann dabei zu einer geistlichen Übung werden, durch die immer wieder neue Kraft, Hoffnung und Wahrheit in unser Leben fließen.

10. Die Kraft der Schönheit

Auf eine besondere Inspirationskraft möchte ich in diesem Kapitel eingehen. Ich erwarte das Wirken des Heiligen Geistes an unterschiedlichen Orten, die weit über den charismatischen Tellerrand hinausgehen. Durch eine Geschichte im Alten Testament hat sich mir eine Wirkungsweise des Heiligen Geistes erschlossen, die mir lange Zeit fremd war. Dadurch tut sich eine ganz neue Welt der Inspiration auf, die mir hilft, mein geisterfülltes Leben auf breitere Füße zu stellen. Die Geschichte findet sich im Buch Exodus.

Die Bundeslade und ihre Handwerker

Gott ruft Mose auf den Berg Sinai, um ihm die Gebote und Gesetze für das Volk zu übergeben. Es ist außerdem sein Wunsch, unter seinem Volk gegenwärtig zu sein und zwar innerhalb eines definierten Bereiches, nämlich der Stiftshütte. Wann immer das Volk Gott aufsuchen, Gottes Stimme hören oder Gottes Weisungen erfahren möchte, können sie zur Stiftshütte kommen und dort in Kontakt mit ihrem Gott treten. Mose erhält genaue Anweisungen, wie diese Stiftshütte und die darin enthaltenen Gegenstände aussehen und gefertigt werden sollen. Er erhält detaillierte Beschreibungen von

- dem Zelt,
- der Bundeslade,
- dem Tisch für die Schaubrote,
- dem Leuchter,
- dem Brandopferaltar,
- dem Vorhof,
- dem Öl für die Leuchter und
- der Kleidung der Priester.

Bis zu diesem Kapitel ist der Geist Gottes im Alten Testament nicht deutlich in Erscheinung getreten. Wir kennen ihn zwar aus der Schöpfungserzählung, wo der Geist über den Wassern schwebt und an der Erschaffung aller Dinge beteiligt ist, aber danach taucht der Heilige Geist nicht mehr auf. Vor allem wird nirgends berichtet, dass ein Mensch von Gott mit dem Heiligen Geist erfüllt wird. Weder Abraham noch Isaak oder Jakob noch Noah und auch nicht Mose. Aber hier, im Zusammenhang mit dem Bau der Stiftshütte, geschieht die allererste Erfüllung mit dem Heiligen Geist. Eine bestimmte Gruppe von Menschen wird von Gott mit dem Heiligen Geist beschenkt: *»Pass auf! Ich habe Bezalel Ben-Uri, den Enkel von Hur aus dem Stamm Juda, berufen und ihn mit dem Geist Gottes erfüllt, mit Weisheit und Verstand und kunsthandwerklichem Geschick. Er kann Pläne entwerfen und danach Gegenstände aus Gold, Silber und Bronze anfertigen. Er kann Edelsteine schneiden und einfassen, er versteht sich auf Holzschnitzerei und ist in jeder künstlerischen Technik erfahren.«* (2. Mose 31,2 ff. NeÜ)

Die allerersten Menschen, die in der Bibel mit dem Heiligen Geist erfüllt werden, sind nicht die Erzväter, die Leviten, Priester oder Propheten, sondern es sind Künstler beziehungsweise Kunsthandwerker. Menschen, die Schönes, Künstlerisches, Ästhetisches und Kreatives schaffen und gestalten. Ganz ähnlich heißt es in 2. Mose 28,2 ff.: »*Lass für deinen Bruder Aaron besondere Gewänder anfertigen, die Würde und Schönheit ausdrücken. Rede mit allen, die etwas davon verstehen und von mir mit dem Geist der Weisheit erfüllt wurden. Sie sollen die Gewänder für Aaron anfertigen, die zeigen, dass er mir als geweihter Priester dient.*«

Die allerersten Menschen, die in der Bibel mit dem Heiligen Geist erfüllt werden, sind nicht die Erzväter, die Leviten, Priester oder Propheten, sondern es sind Künstler beziehungsweise Kunsthandwerker.

Gott erfüllt Menschen mit seinem Heiligen Geist, damit sie Schönes hervorbringen. Wenn wir also über geisterfülltes Leben nachdenken, dann reicht es nicht, nach Zeichen und Wundern, spektakulären Ereignissen oder den klassischen Geistesgaben zu suchen, sondern diese Bibelstellen zeigen, dass wir auch nach Schönheit, Kunst und Kreativität Ausschau halten sollten. Es ist wichtig zu verstehen, dass Gott selbst die Schönheit liebt. Er steht der Schönheit nicht neutral gegenüber, er schafft Schönes nicht nur zu unserem Vergnügen. Nein, Gott selbst liebt das Schöne. Die Israeliten waren in der Wüste als Nomaden unterwegs. Gott hätte auch sagen können, die Stiftshütte solle möglichst pragmatisch sein, mobil und transportabel, leicht oder möglichst einfach, damit sie schnell auf- und abgebaut werden kann. Aber Gott erfüllt verschiedene Menschen mit seinem Geist, damit die Stiftshütte schön, kunstvoll, vergoldet, bunt und ästhetisch wird. Gott tut das vor allem für sich selbst! Er macht die Stiftshütte nicht für das Volk so schön, denn das Volk hatte keinen Zutritt. Und der schönste Teil der Stiftshütte, der Ort, wo Gott gegenwärtig war, das Allerheiligste, war ganz vergoldet, dort stand eine wunderbar gestaltete Bundeslade mit Cherubim aus Gold. Nur einmal im Jahr durfte der Hohepriester dieses Allerheiligste betreten. Das Allerheiligste war nicht für die Menschen schön, sondern für Gott schön. Unser Gott ist ein Gott, der die Schönheit, der Kunst, das Kreative, das Ästhetische liebt.

Wenn wir das Wirken des Heiligen Geistes in dieser Welt entdecken wollen, dann sollten wir dorthin schauen, wo uns Schönes, Geschmackvolles, Ästhetisches und Künstlerisches begegnen. Könnte es sein, dass wir dem Heiligen Geist nahekommen, wenn wir dem Schönen nahekommen? Könnte es sein, dass wir geisterfüllt handeln, wenn wir Schönes, Exzellentes und Künstlerisches hervorbringen? Könnte es sein, dass wir das Wirken des Heiligen Geistes zu sehr im Kontext von Geistesgaben angesiedelt haben und zu wenig im Kontext von Kreativität? Ich suche den Heiligen Geist zwar in der Prophetie, aber nicht im Gedicht. Ich suche den Heiligen Geist in der Heilung, aber nicht im Kunstwerk. Ich suche den Heiligen Geist in der Sprachenrede, aber nicht im Choral. Ich suche den Heiligen Geist in der Gabe der Geisterunterscheidung, aber nicht im Gemälde. Ich suche den Heiligen Geist im Wunder, aber nicht im köstlichen Essen. Schönheit, Kunst und Ästhetik sind Ausdrucksformen des Geistes Gottes. Sie inspirieren uns, vermitteln die Gegenwart Gottes, bringen die Gedanken Gottes nahe, erfüllen unsere Seele und bringen in uns etwas zum Klingen und zum Blühen.

Das Allerheiligste war nicht für die Menschen schön, sondern für Gott schön. Unser Gott ist ein Gott, der die Schönheit, der Kunst, das Kreative, das Ästhetische liebt.

Resonanz mit dem Schönen

Wir erleben seit der Moderne eine Verzweckung der Welt.[64] Die Welt wird gebraucht, sie wird benutzt, sie muss einem Zweck dienen. Wir nutzen die Schöpfung und die Natur auf Kosten ihrer Schönheit. Was wir tun, muss rentabel sein und in einer Leistungsgesellschaft muss sich alles lohnen. Das Schöne hingegen ist das nicht Verzweckte, das Schöne rentiert sich nicht immer. Das Schöne hat einen Wert an sich, einfach weil es ist. Die architektonisch schönen Gebäude einer Stadt, die einige Jahrhunderte alt sind, stehen immer noch und finden große Bewunderung, werden aufwendig restauriert und sind fast unbezahlbar. Aber die billig errichteten Bauten aus den siebziger Jahren werden zum Teil schon wieder abgerissen und niemand trauert ihnen nach. Jedes Jahr pilgern Millionen von Menschen an Orte wie Florenz oder Paris, um wunderschöne, jahrhundertealte Bauwerke zu sehen, aber kaum jemand zeigt Interesse an den Betonbauten in Duisburg oder Salzgitter. Die handwerklich wunderschön gemachte Kommode der Großmutter hat ihr ganzes Leben lang gehalten und können auch die Enkel noch nutzen. Aber wir kaufen lieber ein billig gemachtes Regal im Möbeldiscounter, das alle paar Jahre erneuert werden muss, weil es aus dem Leim geht oder den Umzug nicht überlebt. Schönheit ist kostbar und nicht billig. Zu oft empfinden wir Schönheit als Verschwendung. Als Jesus von Maria mit einem ungeheuer kostbaren und aufwendig hergestellten Öl gesalbt wurde, das locker ein Jahresgehalt wert war, empfanden das viele als Verschwendung. Das wäre auch billiger gegangen![65]

---

64 Dieser Begriff sowie weitere Gedanken aus diesem Abschnitt wurden inspiriert von einem Interview mit Johannes Hartl (siehe Literaturverzeichnis).

65 Vgl. Johannes 12,1–8

Der Soziologe Hartmut Rosa hat vor einigen Jahren einen Begriff aus der Physik entliehen und auf das menschliche Leben bezogen, nämlich den Begriff der Resonanz. Resonanz meint die Wechselwirkung, den Widerhall, der zwischen zwei beteiligten Parteien hervorgerufen wird. Wir alle kennen es, wenn etwas in uns auf Resonanz stößt oder sie erzeugt. Dabei wird unser Innerstes berührt und bewegt. Was wir sehen, spüren oder erleben, stößt auf einen Widerhall in uns. Und damit treten wir in Resonanz, in Beziehung, in ein Verhältnis zu dem, was uns entgegentritt. Schönheit, Kreativität und Kunst haben besonderes Potenzial, in uns Resonanz und Widerhall zu erzeugen. Ob das ein wunderschönes Gemälde ist, ein Gedicht, Humor oder ein anderer künstlerischer Gebrauch von Worten. Vielleicht ist es Musik, Melodie oder Gesang. Vielleicht ist es die Schönheit der Natur oder die Einzigartigkeit einzelner Geschöpfe. Vielleicht ist es ein wundervoller Geruch. Vielleicht ist es die Komposition verschiedener Zutaten zu einem geschmackvollen Gericht. Vielleicht sind es Farben, Klänge oder Formen. Gott gebraucht die Schönheit, um Resonanz in uns zu erzeugen und damit in Verbindung mit uns zu treten. Geisterfülltes Leben ist für mich ein Leben, das das Schöne wahrnehmen und achten möchte. Es geht darum, im Schönen, Kreativen und Exzellenten Gott zu entdecken. Ich möchte mich davon inspirieren und anregen lassen und die Nähe Gottes in diesen Dingen erspüren. Unser Sinn für das Schöne und unsere Fähigkeit zum Genuss ist nicht Auswuchs menschlicher Banalität, sondern spiegelt eine Eigenschaft unseres Schöpfers wider.

Kontemplation statt Meditation

Durch den Einfluss der östlichen Religionen entdecke ich einen problematischen Trend in unserer Spiritualität: Wir ersetzen zunehmend die Kontemplation durch die Meditation. Zwischen Kontemplation und Meditation besteht ein grundlegender Unterschied. Bei der Kontemplation geht es in erster Linie um die Betrachtung. Ich betrachte etwas, das außerhalb von mir ist und das ich mit meinen Sinnen wahrnehmen kann und dessen Wesen, Schönheit oder Tiefe ich verstehen möchte. Es ist eine uralte spirituelle Übung, einmal zu betrachten, was da ist, und es auf sich wirken zu lassen. Diese Kontemplation und Betrachtung erzeugt Resonanz in mir, und ich trete damit in Verbindung zu dem, was ich betrachte.

Bei der Meditation geht es eher darum, zu sich selbst, zur eigenen Mitte zu finden und sich abzuwenden und abzugrenzen von dem, was draußen ist. In den östlichen Religionen wird die Welt und alles um mich herum als Täuschung empfunden, wohingegen es im Christentum und Judentum eher darum geht, in einen Dialog, eine Resonanz zur Welt, zur Schöpfung und dem Schöpfer zu treten. Meditation sucht die Resonanz mit sich selbst. Kontemplation ist diese tiefe Betrachtung des Schönen, wodurch Resonanz entsteht. Meditation stellt dagegen eher den Ausstieg aus dem Dialog und ein stärkeres Kreisen um die eigene Mitte dar. Das macht Meditation zu nichts Schlechtem, aber es besteht ein deutlicher Unterschied zu Kontemplation.

Ich möchte mich aber nicht nur vom Schönen inspirieren lassen, Gott im Schönen finden und Resonanz in meiner Seele erleben. Ich möchte noch einen Schritt weitergehen und selbst zu jemandem werden, der Schönes erzeugt. Ich möchte zum Anwalt des Schönen werden. Ich möchte Schönes, Kreatives und Inspirierendes hervorbringen. Ich möchte diese Dinge in die Welt hineintragen. Dieses Hervorbringen von Schönem darf nicht als Leistungsdruck oder Stress empfunden werden, sondern als Ausdruck geisterfüllten Lebens und der eigenen Begeisterung für das Kreative. Das Erschaffen von Schönem und

Exzellentem ist somit ein Ausdruck von Anbetung. Damals wie heute wünscht sich Gott, dass wir ihm unser Schönes bringen.

Die Kraft der Schönheit in wenigen Worten

Die ersten Menschen, die in der Bibel mit dem Heiligen Geist erfüllt wurden, waren Kunsthandwerker. Gott selbst liebt Kunst, Kreativität und Schönheit. Geisterfülltes Leben bedeutet, Gott selbst, sein Handeln und seine Gegenwart im Schönen und Kreativen zu entdecken. Es bedeutet, sich wieder in der Kontemplation zu üben, um in Resonanz und in Dialog mit dem Schöpfer und seiner Schöpfung zu treten. Es bedeutet, in unserer verzweckten Welt den Genuss neu zu erlernen und die eigenen Begabungen wahrzunehmen, um dadurch selbst wieder Schönes, Künstlerisches, Kreatives und Inspirierendes hervorzubringen.

Literaturverzeichnis

Anselm von Canterbury, Cur Deus homo. Warum Gott Mensch geworden. München 1956

Gustav Aulén, Die drei Haupttypen des christlichen Versöhnungsgedankens, Zeitschrift für Systematische Theologie 8/1931

James Beilby und Paul R. Eddy (Hg.), The Nature of the Atonement. Four views, Illinois 2006

Dennis J. Bennet, In der dritten Stunde, Erzhausen 1972

Martin Benz, Wenn der Glaube nicht mehr passt, Neukirchen-Vluyn 2022

Edna Brocke, Die Suche nach der Wahrheit in der Schrift, aus: Deutschlandfunk, Edna Brocke im Gespräch mit Rüdiger Achenbach, 30. 09. 2015

Brockhaus Biblisches Wörterbuch, Wuppertal 1985

Marcus Cohn, Wörterbuch des jüdischen Rechts. Neudruck 1980 der im Jüdischen Lexikon (1927–1930) erschienenen Beiträge zum jüdischen Recht, Freiburg i. Br. 1980

Joachim Czichos, Gehen macht kreativ, in: Wissenschaft aktuell, online unter https://www.wissenschaft-aktuell.de/artikel/Gehen_macht_kreativ1771015589548.html

Flavius Josephus, Über den jüdischen Krieg, übersetzt von Heinrich Clementz, online unter: https://homepage.rub.de/michael.luetge/Josephus%20Bellum%20judaicum.html

Jayson Georges, Mit anderen Augen, Cuxhaven 2019

Johannes Hartl, 7 Thesen für eine neue Renaissance, in: Bibel TV / Das Gespräch, online unter: https://www.youtube.com/watch?v=HpwnLO9BoRs&t=1045s

Daniel Hell, Lob der Scham, Gießen 2018

Joachim Jeremias, Die Gleichnisse Jesu, Göttingen 1956

Lausanner Komitee für Weltevangelisation, Die Lausanner Verpflichtung, online unter: https://lausanne.org/de/lausanner-verpflichtung/lausanner-verpflichtung

Martin Luther, Vorrede zum Neuen Testament, https://www.luther2017.de/martin-luther/texte-quellen/vorrede-zum-neuen-testament/index.html

Ralf Luther, Neutestamentliches Wörterbuch, Hamburg 1958

Daniel Neumann, Lob der Widerspenstigkeit, aus: Jüdische Allgemeine vom 05. 12. 2016, online unter https://www.juedische-allgemeine.de/religion/lob-der-widerspenstigkeit/

Friedrich Nietzsche, Also sprach Zarathustra, Bd. 2., Chemnitz 1883

Christan A. Schwarz, Gottes Energie Band I, Emmelsbüll 2020

Ethelbert Stauffer, Jesus war ganz anders, Hamburg 1967

Hermann Strack und Paul Billerbeck, Kommentar zum Neuen Testament aus Talmud und Midrasch, Band I, München 1994

Hermann Strack und Paul Billerbeck, Kommentar zum Neuen Testament aus Talmud und Midrasch, Band II, München 1989

Talmud, Traktat Baba Metzia 59b, online unter: https://www.sefaria.org/Bava_Metzia.59b

Talmud, Traktat Schabbat, Blatt 31a, online unter: https://www.talmud.de/tlmd/talmud-uebersetzung/schabbat/schabbat-kapitel-2/#blatt-31a

Theologische Realenzyklopädie, Band 14, Berlin 1994

Dank

Mein Dank gilt all meinen Lesern. Dass mein Buch »Wenn der Glaube nicht mehr passt« nun schon in 3. Auflage vorliegt, hat mich ungeheuer ermutigt, auch dieses Buch in Angriff zu nehmen. Ich hoffe, dass es auf ähnliche Resonanz stößt und Christen und Christinnen hilft, nicht nur ihren Glauben neu zu entdecken, sondern auch zutiefst verbunden zu sein mit Gottes Geist.

Ich danke Bernhard Ott und Marcus Weiand für das Korrekturlesen des Buches und ihre wertvollen Hinweise und Rückfragen.

Ich danke meiner Frau und meiner ganzen Familie für die Begleitung und Unterstützung in dieser intensiven Lebensphase.

Ich danke allen Unterstützern und Freunden von »Movecast«, die dieses Projekt ermöglicht haben.

Ich danke dem Neukirchener Verlag und allen Mitarbeitern, die dieses Buchprojekt begleitet und unterstützt haben.